はじめに

　日本銀行のマイナス金利政策解除、金利引き上げ政策への移行等により、金融機関及びその取引先は「金利のある時代」を本格的に迎えることとなりました。そのなかで、金融機関の方は取引先との貸出金利の引上げ交渉に直面していくことになります。

　しかしながら、長年にわたって低金利の環境が続いていたため、実際の金利交渉にあたる金融機関の方は、貸出金利の引き上げに関する経験をこれまでほとんどしてこなかったことと推察いたします。

　本書は、主に金融機関の方を対象として、金利交渉が必要となる背景、貸出金利の構成要素、貸出金利の設定において考慮すべき要素等、金利交渉の前提となるリテラシーについて解説した上で、金利交渉を行う際の具体的な提示方法・着眼点について解説しています。

　さらに、取引先の課題を解決することが金利交渉の成功要因となるケースも想定されるため、取引先に対する付加価値提供の有効な手段となる経営コンサルティングの重要性についても紹介し、現状分析から経営課題の把握、解決策の策定手法についての考え方や、経営コンサルティングのメニューについて解説しています。

　本書が、皆様の今後の業務の一助となりましたら、幸甚でございます。

2024年9月

野平雅史・宇野孝則

目　次

第1章　金利交渉が必要となる背景

1 調達金利の上昇及び貸出金利の推移ならびに金融政策の変更 ……… 8
2 業態別新規貸出金利の推移 ……… 13
3 資金運用利回り、資金調達原価及び総資金利ざや等の推移 ……… 15
4 金利引き上げ交渉の重要性 ……… 20

第2章　貸出金利の構成要素等

1 貸出金利の構成要素と利ざや（スプレッド）の関係 ……… 26
2 金融機関の調達勘定の構成要素 ……… 27
3 調達金利の変動要因 ……… 28
4 調達金利の種類とそれぞれの公表データ等 ……… 35
5 経費率 ……… 40
6 信用コスト ……… 41
7 プライムレート ……… 43
8 貸出金利回り、経費率、利ざや等に関する公表データ等 ……… 45

第3章　貸出金利の設定において考慮すべき事項

1 貸出金利設定の前提となるフレームワーク ……… 48
2 貸出先別採算管理 ……… 51
3 ケース別の各種指標の比較 ……… 54
4 信用状況 ……… 56
5 バンクフォーメーションにおける位置付け ……… 57
6 貸出スタンス ……… 58
7 他社動向 ……… 60

第 4 章 交渉の基本

- **1** 交渉のスタイル ……………………………………………… 62
- **2** 交渉に関する5つのステップ ……………………………… 67

第 5 章 マネジメントサイクルの活用と事前準備

- **1** マネジメントサイクルの活用 ……………………………… 72
- **2** 金利引き上げ交渉の計画（Plan） ………………………… 74
- **3** 金利引き上げ交渉の実行（Do） …………………………… 80
- **4** 金利引き上げ交渉の評価（Check） ……………………… 82
- **5** 金利引き上げ交渉の改善（Action） ……………………… 84
- **6** 貸出先別の事前準備 ………………………………………… 86

第 6 章 金利引き上げの際の具体的な交渉方法・内容等

- **1** 金利引き上げ交渉を行う際のポイントの整理 …………… 96
- **2** 金利動向等 …………………………………………………… 101
- **3** ヒアリング事項 ……………………………………………… 109
- **4** 取引先の要望確認後の準備① ……………………………… 120
- **5** 取引先の要望確認後の準備② ……………………………… 130
- **6** 取引先の要望確認後の準備③ ……………………………… 133

第 7 章 付加価値（経営コンサルティング）の必要性

- **1** 取引先に対する経営コンサルティングの意義 …………… 152
- **2** 経営コンサルティングの進め方 …………………………… 156
- **3** 経営コンサルティングメニューの例 ……………………… 164

第1章

金利交渉が必要となる背景

>ココだけは
押さえておきたい！

　このセッションは金利交渉が必要となる背景について考えます。金融政策の変遷や短期プライムレート、貸出金利及び利ざや等の推移について、金融機関の業態別の特徴等を含めて学習します。

1 調達金利の上昇及び貸出金利の推移ならびに金融政策の変更

（1）金融機関の調達金利の上昇

　日本銀行は、2024年3月19日の金融政策決定会合でマイナス金利政策の解除を決定し、2007年2月以来約17年ぶりに政策金利の水準を引き上げ、無担保コールレート（オーバーナイト物）（以下「無担コールO／N」という）の誘導目標を「0～0.1％程度」としました。

　これはその後の景気、物価や賃金等の見通しを踏まえた政策の変更であり、2016年1月のマイナス金利政策導入後、約8年ぶりにマイナス金利政策の解除が決定されたことに伴って、下表の通り、預金金利やコールレート等の市場金利が上昇して、さらに日本銀行が、7月31日の金融政策決定会合で無担コールO／Nの誘導目標を「0.25％程度」としたため、預金金利やコールレート等の市場金利がさらに上昇しました。

▶ 金融機関の調達金利等の上昇

（単位：％）

	2023年6月	2024年6月	2023年6月比	2024年8月5日現在	2024年6月比
普通預金金利	0.001	0.02	＋0.019	0.10	＋0.081
3年定期預金金利 （預入金額3百万円未満）	0.005	0.146	＋0.141	ー	ー
無担コールO／N	▲0.066	0.077	＋0.143	0.227	＋0.15
日本円TIBOR（6M）	0.14909	0.31273	＋0.16364	0.44364	＋0.13091

出所：日本銀行及び全銀協TIBOR運営機関の公表資料等を基に筆者作成

※預金金利は、日本銀行の「預金種類別店頭表示金利の平均年利率等」に掲載されている預金金利。毎月15日（15日が休日の場合は翌営業日）における調査対象先の各預金の年利率の単純平均値。2024年8月分は都市銀行等が公表した金利。
※参考URL①： 預金種類別店頭表示金利の平均年利率等 https://www.stat-search.boj.or.jp/ssi/cgi-bin/famecgi2?cgi=$nme_a000&lstSelection=IR02
※参考URL②：コール市場関連統計（毎営業日）https://www3.boj.or.jp/market/jp/menu_m.htm
※参考URL③：全銀協TIBORレート https://www.jbatibor.or.jp/rate/

（２）金融機関の貸出金利の推移（2006年6月～2024年6月）

　日本銀行が公表している「貸出約定平均金利」のうち「新規／総合／国内銀行[※1]」は、次のグラフの通り、2009年1月以降おおむね2020年頃までの間、日本円TIOBR（6M）とほぼ同じ傾向で、日本銀行が参考データとしてホームページに掲載している短期プライムレート（主要行、最頻値[※2]）との利差が拡大して低下を続け、その後横ばいから2024年6月時点まで、わずかながら上昇傾向で推移しています。

　なお、前記の傾向は、「新規／総合／国内銀行」の金利が、貸出金利を貸出残高で加重平均して算出された金利であり、大企業や中堅企業向けの貸出の多くが、短期プライムレート等を基準とした貸出ではなく、TIBOR等の市場金利を基準とした貸出を採用していることを反映したものであり、多くの地域金融機関で実行されている中小企業向けの平均的な貸出金利は、10頁の表や13頁のグラフに掲載した「新規／総合／信用金庫」の水準に近く、短期プライムレートを下回る状況ではないと推察いたします。

▶ 短期金利および貸出金利等の推移（2006年6月～2024年6月）

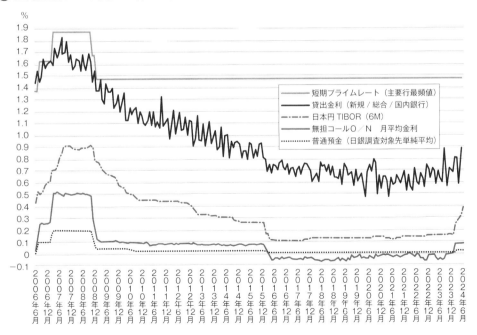

出所：日本銀行及び全銀協TIBOR運営機関の公表資料を基に筆者作成

※1. 日本銀行が公表している「貸出約定平均金利」には、以下の区分があります。
　①「新規」：当該月中において実行した貸出
　　「ストック」：当該月末時点において残高のあるすべての貸出
　②「総合」、「短期」、「長期」、「当貸」
　③「国内銀行」、「都市銀行」、「地方銀行」、「第二地方銀行」、「信用金庫」
　参考URL：https://www.boj.or.jp/statistics/outline/exp/exyaku.htm
　9頁のグラフの貸出金利は、当該月中において実行した「新規」の貸出を貸出残高で加重平均して算出された金利ですが、当該月の大口融資実行の有無等により、月々、大きな振れが発生する場合があります。しかしながら、当該月末時点において残高のあるすべての貸出を対象とした「ストック」の金利だと、貸出金利の変動をすぐに反映しないため、調達金利の変動との関係性を把握するための指標として「新規」の金利を掲載しています。
※2. 都市銀行（みずほ銀行、三菱UFJ銀行、三井住友銀行、りそな銀行、埼玉りそな銀行）が短期プライムレートとして自主的に決定した金利のうち、最も多くの数の銀行が採用した金利

　なお、金融機関の業態別の貸出金利の長期的な推移は「2．業態別新規貸出金利の推移（2006年6月～2024年6月）」に記載していますが、直近1年間の変動は下表の通りであり、都市銀行、地方銀行、第二地方銀行間の金利格差がほとんどない状況です。

▶ 金融機関の業態別の貸出金利の変動状況

(単位：%)

	2023年6月	2024年6月	増減	短期プライムレート比※
新規/総合/国内銀行	0.695	0.881	+0.186	▲0.594
新規/総合/都市銀行	0.715	0.976	+0.261	▲0.499
新規/総合/地方銀行	0.742	0.844	+0.102	▲0.631
新規/総合/地方銀行Ⅱ	0.885	0.97	+0.085	▲0.505
新規/総合/信用金庫	1.642	1.646	+0.004	+0.171

出所：日本銀行の公表資料を基に筆者作成

※短期プライムレート（主要行、最頻値）との差異

（3）短期プライムレートの状況

　2024年6月末時点までの短期プライムレートの状況を、日本銀行が参考データとしてホームページに掲載している短期プライムレート（主要行、最頻値）で見てみると、12頁に掲載した表の通り、2009年1月の1.675%から1.475%への引き下げ以降2024年7月末までの間変化がありませんでしたが、2024年7月31日の日本銀行の政策金利の引き上げを受けて、3大メガバンクは短期プライムレートを、9月に1.475%から1.625%に0.15%引き上げることを決定しました。

（4）日本銀行の政策金利及び短期プライムレートの変遷

　短期プライムレートは、各金融機関がそれぞれ自主的に決定するものですが、2006年3月〜2024年6月までの期間中、短期プライムレート（主要行、最頻値）の変更は12頁の表の通り、日本銀行の政策金利である無担コールO／Nの誘導水準や日本銀行の基準貸付利率（旧公定歩合）の変更後、短期金融市場の金利水準が一定以上変動した場合に、おおむね日本銀行による政策金利の変更の翌月に実施されています。

　なお、金融機関の調達金利に与える影響は、日本銀行の基準貸付利率（旧公定歩合）より無担コールO／Nの方が大きいため、日本銀行の政策金利変更後の主要行の短期プライムレート（最頻値）の変更の幅は、日本銀行の基準貸付利率（旧公定歩合）の変動幅ではなく、おおむね無担コールO／Nの誘導目標の変動幅と一致しています。

　また、2016年1月のマイナス金利政策導入は、日本銀行の当座預金金利に▲0.1%を適用するものでしたが、無担コールO／Nの低下は0.12%程度であり、金融機関が受け入れる預金金利をさらに引き下げてマイナス金利とすることが難しいこともあり、短期プライムレート（主要行、最頻値）の変更はありませんでした。

　その後、無担コールO／Nの誘導目標が、2024年3月に「0〜0.1%程度」、2024年7月に「0.15%程度」に引き上げられたため、主要行各行は2024年9月から短期プライムレートを0.15%引き上げることを決定しました。

日本銀行の政策金利及び短期プライムレートの変遷(2006年3月～2024年6月)

区分(*)	変更日等	A：日銀貸付基準利率、日銀当座預金、無担コールO/N誘導目標等	変動幅	B：短期プライムレート 最頻値(※)	変動幅
A	2006/3/9	無担コールO/N：おおむねゼロ%			
A	2006/7/14	無担コールO/N：0.25%前後	+0.25%		
A	2006/7/14	日銀基準貸付利率：0.4%	+0.30%		
B	2006/8/24			1.625%	+0.25%
A	2007/2/21	無担コールO/N：0.5%前後	+0.25%		
A	2007/2/21	日銀基準貸付利率：0.75%	+0.35%		
B	2007/3/20			1.875%	+0.25%
A	2008/10/31	無担コールO/N：0.3%前後	▲0.20%		
A	2008/10/31	日銀基準貸付利率：0.5%	▲0.25%		
B	2008/11/17			1.675%	▲0.20%
A	2008/12/19	無担コールO/N：0.1%前後	▲0.20%		
A	2008/12/19	日銀基準貸付利率：0.3%	▲0.20%		
B	2009/1/13			1.475%	▲0.20%
A	2016/1/29	日銀補完当座預金▲0.1%	約▲0.1%		
A	2024/3/19	無担コールO/N：0～0.1%程度	約+0.1%		
A	2024/3/19	日銀補完当座預金：0.1%	+0.2%		
A	2024/8/1	無担コールO/N：0.25%程度	約+0.15%		
A	2024/8/1	日銀補完当座預金：0.25%	+0.15%		
A	2024/8/1	日銀基準貸付利率：0.5%	+0.2%		
B	2024/9/2			1.625%	+0.15%

出所：日本銀行ホームページに掲載されている公表資料等を基に筆者作成

*区分A：変更後の政策金利等の水準及び日本銀行金融政策決定会合実施日
*区分B：短期プライムレート最頻値及び変更日
※都市銀行(みずほ銀行、三菱UFJ銀行、三井住友銀行、りそな銀行、埼玉りそな銀行)が短期プライムレートとして自主的に決定した金利のうち、最も多くの数の銀行が採用した金利

2 業態別新規貸出金利の推移

　2006年6月から2024年6月までの金融機関の業態別新規貸出金利及び短期プライムレート（主要行、最頻値）の推移は次のグラフの通りです。

▶ 業態別新規貸出金利および短期プライムレート等の推移（2006年6月～2024年6月）

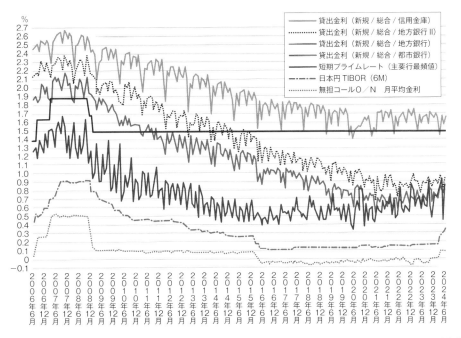

出所：日本銀行及び全銀協TIBOR運営機関の公表資料を基に筆者作成

　上記のグラフについて短期プライムレート（主要行、最頻値）との比較でみた場合、2006年6月時点で貸出金利が短期プライムレート（主要行、最頻値）を下回っていた業態は都市銀行だけでしたが、地方銀行は2011年10月、第二地方銀行は2015年10月を最後に、それ以降は短期プライムレート（主要行、最頻値）を下回わる金利を適用する状況が続き、2024年6月現在の貸出金利は、信用金庫以外の業態はいずれも0.8％～0.9％程度の水準であり、短期プライムレート（主要行、最頻値）を0.6％程度下回る状況です。

　上記対象期間のうち2008年10月の政策変更による無担コールO／N誘導目標

の0.2％引き下げ以降の業態別の貸出金利の変動状況は下記の表に示した通りです。

　2016年1月のマイナス金利政策導入までの期間は、どの業態もほぼ同じ下降傾向であり、約7年間で1.0％〜1.2％程度金利が低下していましたが、2016年1月のマイナス金利政策導入から2020年中頃までの約4年間は都市銀行がおおむね0.3％〜0.8％のボックス圏内で上下していたのに対して、地方銀行及び第二地方銀行は、ともにおおむね低下傾向で0.4〜0.6％程度低下し、信用金庫はおおむね1.4％〜1.9％のボックス圏内で上下していました。

2016年1月のマイナス金利政策導入前からの貸出金利の変動状況
（単位：％）

期間		A.2008年10月〜2016年1月		B.2016年1月〜2020年中頃		C.2020年中頃〜2024年6月	
都市銀行	方向	下降		上下		上昇	
	上限　下限	1.677	0.418	0.336	0.762	0.336	0.976
	変動幅	▲1.259		0.426		+0.640	
地方銀行	方向	下降		下降		上下	
	上限　下限	2.167	1.021	1.028	0.57	0.513	0.854
	変動幅	▲1.146		▲0.458		0.341	
第二地方銀行	方向	下降		下降		上下	
	上限　下限	2.385	1.269	1.401	0.847	0.678	0.991
	変動幅	▲1.116		▲0.554		0.313	
信用金庫	方向	下降		上下		上下	
	上限　下限	2.669	1.621	1.395	1.844	1.395	1.733
	変動幅	▲1.048		0.449		0.338	

出所：日本銀行の公表資料を基に筆者作成

※A.2008年10月政策金利の引き下げ開始、B.2016年1月マイナス金利政策導入

第1章 金利交渉が必要となる背景

3 資金運用利回り、資金調達原価及び総資金利ざや等の推移

(1) 全国銀行(2006年度〜2022年度)

　前項までに記載した貸出金利は、政策金利の変動との関係性をみるためにそれぞれの時点の新規ベースの貸出金利でしたが、本項では、全国銀行協会「全国銀行財務諸表分析」資料に掲載されている各年度の財務諸表ベースの各種利回りや総資金利ざや等の指標の推移について考察します。なお、各指標の計算式は17頁の（注）を参照してください。

　全国銀行国内業務部門の総資金利ざやは、次のグラフ及び次頁の表の通り2006年度の0.33％から2022年度の0.16％まで、おおむね低下傾向で推移しました。これは、貸出金利回りの低下（1.79％→0.86％：▲0.93％）ほど預金債権等利回りが低下せず（0.14％→0.01％：▲0.13％）、経費率（人件費や物件費の比率）の縮減（1.09％→0.59％）▲0.50％）等でカバーしきれなかったこと等によります。

　この間、2019年度以降は、経費率の低下（0.74％→0.59％：▲0.15％）や資金運用利回りの下げ止まり等によって、資金調達原価の低下（0.70％→0.53％：▲0.17％）が資金運用利回りの低下（0.76％→0.69％：▲0.07％）を上回ったため、総資金利ざやが改善（0.06％→0.16％：＋0.10％）しています。なお、貸出金利回りは、2013年度以降、短期プライムレート（主要行、最頻値）を下回わる水準で低下が続いています。

◉ 全国銀行国内業務部門の資金運用利回り・資金調達原価等の推移（2006年度〜2022年度）

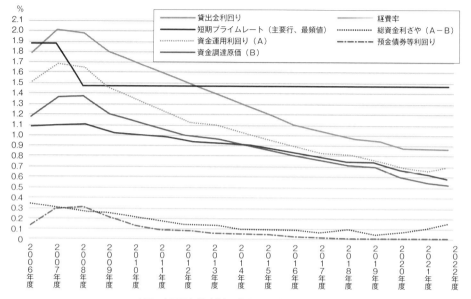

出所：全国銀行協会「全国銀行財務諸表分析」及び日本銀行統計資料を基に筆者作成

◉ 国内業務部門の資金運用利回り・資金調達原価及び総資金利ざや

単位：％

年度	業態	①貸出金利回り	②有価証券利回り	③コールローン等利回り	④資金運用利回り(A)	⑤預金債券等利回り	⑥経費率	⑦預金債券等原価	⑧コールマネー等利回り	⑨資金調達原価(B)	総資金利ざや(A－B)
A 2006年度	全国銀行	1.79	1.12	0.68	1.51	0.14	1.09	1.23	0.51	1.18	0.33
	都市銀行	1.59	0.93	0.75	1.30	0.13	0.91	1.04	0.44	0.99	0.31
	地方銀行	2.00	1.22	0.49	1.72	0.11	1.18	1.29	0.83	1.29	0.43
	地方銀行Ⅱ	2.33	1.33	0.46	2.02	0.14	1.36	1.51	1.42	1.54	0.48
B 2019年度	全国銀行	0.95	0.91	0.30	0.76	0.01	0.74	0.75	0.44	0.70	0.06
	都市銀行	0.84	0.64	0.44	0.58	0.01	0.60	0.61	0.96	0.57	0.01
	地方銀行	1.01	1.08	0.05	0.94	0.01	0.80	0.81	△0.04	0.75	0.19
	地方銀行Ⅱ	1.18	1.10	0.33	1.06	0.02	0.95	0.98	△0.02	0.94	0.12
C 2022年度	全国銀行	0.86	0.81	0.15	0.69	0.01	0.59	0.60	0.34	0.53	0.16
	都市銀行	0.79	0.56	0.17	0.54	0.00	0.45	0.46	0.81	0.41	0.13
	地方銀行	0.91	1.01	0.05	0.82	0.01	0.65	0.66	0.57	0.57	0.25
	地方銀行Ⅱ	1.05	0.90	0.34	0.90	0.01	0.78	0.79	△0.02	0.71	0.19
A↓C	全国銀行	▲0.93	▲0.31	▲0.53	▲0.82	▲0.13	▲0.50	▲0.63	▲0.17	▲0.65	▲0.17
	都市銀行	▲0.80	▲0.37	▲0.58	▲0.76	▲0.13	▲0.46	▲0.58	0.37	▲0.58	▲0.18
	地方銀行	▲1.09	▲0.21	▲0.44	▲0.90	▲0.10	▲0.53	▲0.63	▲0.85	▲0.72	▲0.18
	地方銀行Ⅱ	▲1.28	▲0.43	▲0.12	▲1.12	▲0.13	▲0.58	▲0.72	▲1.44	▲0.83	▲0.29
B↓C	全国銀行	▲0.09	▲0.10	▲0.15	▲0.07	0.00	▲0.15	▲0.15	▲0.10	▲0.17	0.10
	都市銀行	▲0.05	▲0.08	▲0.27	▲0.04	▲0.01	▲0.15	▲0.15	▲0.15	▲0.16	0.12
	地方銀行	▲0.10	▲0.07	0.00	▲0.12	▲0.01	▲0.15	▲0.15	0.02	▲0.18	0.06
	地方銀行Ⅱ	▲0.13	▲0.20	0.01	▲0.16	▲0.01	▲0.17	▲0.19	0.00	▲0.23	0.07

出所：全国銀行協会「全国銀行財務諸表分析」を基に筆者作成

(注）算式は次による。ただし、貸出金は金融機関貸付金を、有価証券は商品有価証券を、資金運用勘定は無利息預け金を、資金調達費用・勘定は金銭の信託運用見合費用・額をそれぞれ除く。

① 貸出金利回り $= \dfrac{\text{貸出金利息}}{\text{貸出金平残}}$ ② 有価証券利回り $= \dfrac{\text{有価証券利息配当金}}{\text{有価証券平残}}$ ④ 資金運用利回り $= \dfrac{\text{資金運用収益}}{\text{資金運用勘定平残}}$

③ コールローン等利回り $= \dfrac{\text{コールローン・買入手形・金融機関貸付金利息}}{\text{コールローン・買入手形・金融機関貸付金平残}}$ ⑤ 預金債券等利回り $= \dfrac{\text{預金・譲渡性預金・債券利息}}{\text{預金・譲渡性預金・債券平残}}$

⑥ 経費率 $= \dfrac{\text{経費}}{\text{預金・譲渡性預金・債券平残}}$ ⑦ 預金債券等原価 $= \dfrac{\text{預金・譲渡性預金・債券利息}+\text{経費}}{\text{預金・譲渡性預金・債券平残}}$

⑧ コールマネー等利回り $= \dfrac{\text{コールマネー・売渡手形・金融機関借入金利息}}{\text{コールマネー・売渡手形・金融機関借入金平残}}$ ⑨ 資金調達原価 $= \dfrac{\text{資金調達費用}+\text{経費}}{\text{資金調達勘定平残}}$

［以上すべて $\times \dfrac{365}{\text{当期日数}} \times 100$、小数点第 3 位以下四捨五入］

（2）業態間の比較（2006年度～2022年度）

次の表は 16 頁に掲載した「国内業務部門の資金運用利回り・資金調達原価及び総資金利ざや」について、都市銀行と地方銀行及び第二地方銀行との各指標の差異を計算した表です。本項では業態間の差異がみられる主要な項目である①貸出金利回り、②経費率及び③総資金利ざやを対象として、16 頁の表、下表及び 18 頁の 2006 年度～ 2022 年度のグラフによって、各指標の業態別の推移及び業態間の差異を考察します。

都市銀行と地方銀行及び第二地方銀行との各指標の差異

単位：%

年度	業態	①貸出金利回り	②有価証券利回り	③コールローン等利回り	④資金運用利回り(A)	⑤預金債券等利回り	⑥経費率	⑦預金債券等原価	⑧コールマネー等利回り	⑨資金調達原価(B)	総資金利ざや(A-B)
2006年度	地方銀行	+0.41	+0.29	▲0.26	+0.42	▲0.02	+0.27	+0.25	+0.39	+0.30	+0.12
	地方銀行Ⅱ	+0.74	+0.40	▲0.29	+0.72	+0.01	+0.45	+0.47	+0.98	+0.55	+0.17
2022年度	地方銀行	+0.12	+0.45	▲0.12	+0.28	+0.01	+0.20	+0.20	▲0.83	+0.16	+0.12
	地方銀行Ⅱ	+0.26	+0.34	+0.17	+0.36	+0.01	+0.33	+0.33	▲0.83	+0.30	+0.06
増減	地方銀行	▲0.29	+0.16	+0.14	▲0.14	+0.03	▲0.07	▲0.05	▲1.22	▲0.14	±0.00
	地方銀行Ⅱ	▲0.48	▲0.06	+0.46	▲0.36	±0.00	▲0.12	▲0.14	▲1.81	▲0.25	▲0.11

出所：全国銀行協会「全国銀行財務諸表分析」資料を基に筆者作成

①貸出金利回り

　2022年度の貸出金利回りは、高い順に第二地方銀行1.05％、地方銀行0.91％、都市銀行0.79％で、各業態とも2008年度以降おおむね低下を続けていますが、都市銀行は2020年度以降わずかながら改善しています（2020年度0.78％→2022年度0.79％）。

　なお、2006年度との差異は都市銀行▲0.80％、地方銀行▲1.09％、第二地方銀行▲1.28％で、業態間の差異は、2006年度において地方銀行は都市銀行＋0.41％、第二地方銀行は都市銀行＋0.74％でしたが、2022年度においては、地方銀行は都市銀行＋0.12％、第二地方銀行は都市銀行＋0.26％まで縮小しています。

　また、都市銀行は2011年度以降、地方銀行は2014年度以降、第二地方銀行は2016年度以降短期プライムレート（主要行、最頻値）を下回っています。

▶ 業態別国内業務部門の貸出金利回りの推移（2006年度～2022年度）

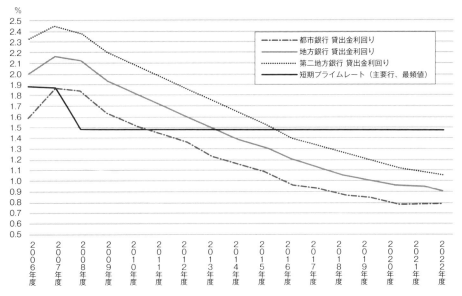

出所：全国銀行協会「全国銀行財務諸表分析」及び日本銀行統計資料を基に筆者作成

②経費率（人件費や物件費等の比率）

　2022年度の経費率は低い順に都市銀行0.45％、地方銀行0.65％、第二地方銀行0.78％で、各業態とも2008年度以降低下を続けています。なお、2006年度との差

異は都市銀行▲0.46％、地方銀行▲0.53％、第二地方銀行▲0.58％で、業態間の差異は、2006年度において地方銀行は都市銀行＋0.27％、第二地方銀行は都市銀行＋0.45％でしたが、2022年度においては、地方銀行は都市銀行＋0.20％、第二地方銀行は都市銀行＋0.33％まで縮小しています。

③総資金利ざや

2022年度の総資金利ざやは、高い順に地方銀行0.25％、第二地方銀行0.19％、都市銀行0.13％で、各業態とも下降から横ばいを経て2019年度以降わずかに上昇しています。ただし、2006年度との利ざやの差異は都市銀行▲0.18％、地方銀行▲0.18％、第二地方銀行▲0.29％、利ざやの増減率は都市銀行▲58.1％、地方銀行▲41.9％、第二地方銀行▲60.4％で、都市銀行と第二地方銀行は2分の1以下の水準まで低下しています。

業態間の差異は、2006年度において地方銀行は都市銀行＋0.12％、第二地方銀行は都市銀行＋0.17％で、2022年度においては、地方銀行は同じですが、第二地方銀行は＋0.06％まで縮小し、地方銀行に劣後する水準となっています。

▶ 業態別国内業務部門の経費率・総資金利ざやの推移（2006年度〜2022年度）

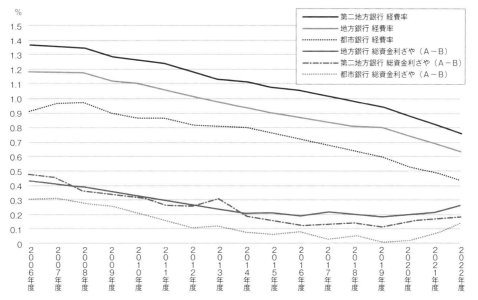

出所：全国銀行協会「全国銀行財務諸表分析」資料を基に筆者作成

4　金利引き上げ交渉の重要性

（1）貸出方式（基準金利）の違いによる金利引き上げ交渉の必要性の違い

　前項までに記載した通り、現在は金利の上昇局面にあり、株式市場でもしばしば銀行の利ざや拡大等に伴う収益改善を見込んだ銀行株の上昇局面がみられますが、下記①②の通り、貸出基準金利の違いによって利ざや拡大のための金利引き上げ交渉の必要性に違いがあります。

　したがって、「市場金利連動貸出」と「短期プライムレート等を基準金利とした貸出」の構成比の違いによって、利ざや拡大の速度や効果に差異が生じるため、前者の構成比が低い金融機関は、利ざや拡大の速度や効果において、前者の構成比が高い金融機関に劣後することになります。

①市場金利連動貸出（TIBOR等の市場金利を基準金利とした貸出）

　TIBOR等の市場金利を基準金利とした市場金利連動フルスライド変動金利貸出の適用金利は、貸出の基準金利が上昇すれば、新規の貸出については、スプレッドが従来と同じでも貸出金利は上昇し、既存の貸出についても、約定金利期間到来時に自動的に貸出金利が上昇することになります。

　なお、基準となる金利は市場が決める金利なので、短期プライムレートのような金融機関が決めた基準金利ではないので、基準金利の水準変更について交渉の余地はありません。

　したがって、市場金利連動貸出については、貸出先からスプレッドの引き下げを要請されることはあっても、貸出先の信用力に大きな変化がなければ、金利の引き上げについて交渉する場面は限定的です。

②短期プライムレート等を基準金利とした貸出

　短期プライムレートや新長期プライムレートを基準金利とした貸出は、調達金利である預金金利や市場金利が上昇しても自動的に貸出金利が上昇することはないので、金利上昇の初期においては、預金金利や市場金利等の調達金利の上昇が

先行するため、短期プライムレートを引き上げるまでの間は、金利の引き上げ交渉を成功させない限り、利ざやが縮小することになります。

また、短期プライムレートは各金融機関が自主的に決定する基準金利であるため、短期プライムレート引き上げ後の適用金利について交渉が必要となる場合が多く、相応の期間と労力が必要です。

（2）貸出金の量的拡大に関するスタンスとの関係における重要性

①貸出金の量的拡大と利ざやの確保に関するスタンスの関係

各金融機関の営業店は他の金融機関と競合する中で、貸出金についても、量的拡大目標の達成に向けて営業活動を実施しており、競合先の取引条件等も考慮して貸出金利を決定する必要がありますが、貸出金の量的拡大と利ざやの確保はトレードオフの側面があります。また、個別の貸出先に適用する取引条件等の前提として、各金融機関の貸出金の量的拡大に関するスタンスの推移を念頭に置くことも重要です。

すなわち、競合先の金融機関の貸出金の量的拡大スタンスが非常に強い場合は、そうでない場合に比して利ざやを削っても残高を増やす意識が強くなるので、その点を意識する必要があります。

②業態別総貸出金平残の推移と貸出金の量的拡大スタンス

貸出金の量的拡大スタンスの推移は金融機関の貸出金の推移をみることで確認することができ、公表資料で個別の金融機関の貸出金の推移をみることも不可能ではありませんが、ここでは業態ごとの総貸出金平残の推移から業態別の貸出金の量的拡大に関するスタンスの推移をみることにします。

銀行・信用金庫合計の総貸出金は2000年6月の528.5兆円から2024年6月には622.7兆円まで94.2兆円（増加率17.8％）増加していますが、業態別にみると、都市銀行等が30.5兆円（減少率10.8％）減少しているのに対して、地方銀行は109.2兆円（増加率82.9％）増加させており、第二地方銀行が11.6％、信用金庫が14.8％の増加率だったことをみても地方銀行の貸出金に関する量的拡大スタンスの強さが突出しており、地方銀行は当該資料の対象期間中、一貫して強めの量的

拡大スタンスが継続しているものと推察します。

また、都市銀行等の貸出金の量的拡大に関するスタンスは、2000年6月から2006年頃まではおおむね貸出金削減スタンス、その後、2016年頃までがおおむねニュートラルで、その後貸出金の量的拡大スタンスに変化してきたものと推察します。

なお、直近1年間の総貸出金平残の業態別の増加率は、高い順位に都市銀行等4.4％、地方銀行3.2％、第二地方銀行1.9％、信用金庫0.5％であり、これらは貸出金の量的拡大スタンスを反映しているとみることもできます。

▶ 業態別総貸出金平残の推移（2000年1月〜2024年6月）

単位：兆円

	2000年6月	構成比	2006年6月	構成比	2023年6月	構成比	2024年6月	構成比	2000年6月比 金額	2000年6月比 増減比	金額	増減比	2000年6月比 金額	2000年6月比 増減比
銀行・信用金庫計	528.5	100.0%	444.4	100.0%	603.2	100.0%	622.7	100.0%	+94.2	+17.8%	+178.3	+40.1%	+19.5	+3.2%
都市銀行等※	282.0	53.4%	205.8	46.3%	240.8	39.9%	251.5	40.4%	▲30.5	▲10.8%	+45.7	+22.2%	+10.7	+4.4%
地方銀行	131.8	24.9%	136.5	30.7%	233.6	38.7%	241.1	38.7%	+109.2	+82.9%	+104.6	+76.6%	+7.4	+3.2%
第二地方銀行	47.3	9.0%	40.3	9.1%	51.8	8.6%	52.8	8.5%	+5.5	+11.6%	+12.4	+30.9%	+1.0	+1.9%
信用金庫	67.3	12.7%	61.7	13.9%	77.0	12.8%	77.3	12.4%	+10.0	+14.8%	+15.6	+25.3%	+0.4	+0.5%

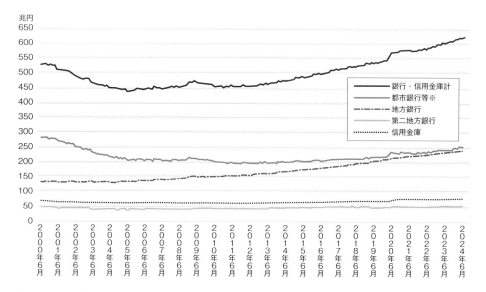

※都市銀行等（みずほ銀行、三菱UFJ銀行、三井住友銀行、りそな銀行、三菱UFJ信託銀行、みずほ信託銀行、三井住友信託銀行、埼玉りそな銀行、SBI新生銀行、あおぞら銀行）

出所：上記図表とグラフはともに全国銀行協会「全国銀行財務諸表分析」資料を基に筆者作成

（3）地域金融機関における金利引き上げ交渉の重要性

①貸出方式（基準金利）に起因する重要性

　一般的に地域金融機関は、都市銀行に比して市場金利連動貸出の比率が低いため、金利上昇期における利ざや拡大の速度や効果は都市銀行に劣後することになります。さらに、短期プライムレートや新長期プライムレート等を基準金利とした貸出は、金利引き上げ交渉を成功させないと利ざやが縮小することにもなりかねないため、金利引き上げ交渉は非常に重要な業務となります。

②利ざや回復の観点からみた重要性

　「3．資金運用利回り、資金調達原価及び総資金利ざや等の推移」で解説しましたが、金融機関の総資金の利ざやは日本銀行の政策金利が引き上げから引き下げに転じる前の2006年度と2022年度を比較した場合、貸出金利の低下を経費率の縮減等でカバーしきれず、総資金利ざやの増減率は、都市銀行▲58.1％、地方銀行▲41.9％、第二地方銀行▲60.4％で、都市銀行と第二地方銀行は2分の1以下の水準まで低下しています。

　この間、資金需要が低迷して金融機関の競合が激化したことも利ざや縮小の要因として考えられますが、金利上昇局面では景気上昇に伴う資金需要も想定されるため、金利上昇局面を利ざや回復の好機と考えて、過去からの適用金利の経緯を踏まえた金利引き上げ交渉を実施することが重要です。

　特に第二地方銀行は、地方銀行に比して総資金利ざやが大きく低下しているため、かつての利ざやを回復することを目標とした場合、金利引き上げ交渉の重要性は一段と高いものと考えられます。

　さらに、第二地方銀行の最大の競合先は地方銀行であることが多く、地方銀行の多くは、貸出金の量的拡大を強く志向する中で、利ざやの低下を第二地方銀行より小幅に留めることができているため、今後の貸出先との金利引き上げ交渉の難易度は、他の業態より高い場面が想定されます。

③地域経済の有力な担い手としての重要性

　地域金融機関は地域経済の有力な担い手でもあり、信用力が低下した貸出先に

対する金利対応等、非常に高度な判断を伴う場合も想定され、状況に応じて、企業再生等に関するコンサルティング機能の発揮等を含めた総合的な対応も必要とされています。

第2章

貸出金利の構成要素等

ココだけは押さえておきたい！

　このセッションは貸出金利の構成要素等について学習します。貸出金利の構成要素、調達金利の変動要因、調達金利の種類とそれぞれの公表データ、経費率、信用コスト、プライムレートの推移等について学習します。

1 貸出金利の構成要素と利ざや(スプレッド)の関係

　貸出金利は、物品やサービスの価格と同様、原価部分と利益部分とに分けることができ、原価部分は採算金利にあたり、利益部分はリスク・コスト調整後スプレッド収益にあたります。さらに、原価部分は、調達金利、諸経費及び信用コストに分解することができます。

　また、最優遇貸出金利（プライムレート）を基準とした場合、上乗せ金利（プライムレート比スプレッド）部分も、原価部分と利益部分によって構成されています。

　そして、貸出金利と仕切りレートとの差が貸出スプレッド収益、預金金利との差が預貸金利ざや、市場金利連動貸出の場合は市場金利との差が対市場金利スプレッドということになります。

貸出金利の基本的な構成要素と利ざや(スプレッド)の関係

貸出金利			
貸出スプレッド収益率※	上乗せ金利B	貸出スプレッド収益率※〈利益B〉	上乗せ資金収益率
		採算金利〈原価B〉	上乗せ信用コスト
	最優遇貸出金利（プライムレート）A	貸出スプレッド収益率※〈利益A〉	最優遇先資金収益率
		採算金利〈原価A〉	最優遇先信用コスト
			経費率
			調達金利
仕切りレート			預金金利　市場金利

預貸金利ざや：預金金利～貸出金利
対市場金利スプレッド：市場金利～貸出金利

※リスク・コスト調整後

2 金融機関の調達勘定の構成要素

　金融機関の資金調達の方法は預金、譲渡性預金、コールマネー等、借用金（日本銀行や他の金融機関等からの借入金等）、純資産勘定等で、下記の通り預金が非常に大きなウェイトを占めており、規模の小さい業態ほど預金のウェイトが高い傾向があります。

主要負債勘定および純資産勘定の構成比（2022年度）

（単位：％）

	預金	譲渡性預金	コールマネー等	借用金	外国為替	支払承諾	その他の負債	純資産勘定	合計
全国銀行	69.4	4.2	1.3	7.9	0.4	2.5	10.6	3.7	100.0
都市銀行	65.9	4.4	0.3	8.7	0.6	4.2	12.9	3.0	100.0
地方銀行	79.4	2.0	2.9	7.3	0.0	0.3	3.5	4.6	100.0
地方銀行Ⅱ	85.0	1.9	2.2	4.5	0.0	0.2	1.9	4.3	100.0

（注）「コールマネー等」には、「売渡手形」を含む。
出所：全国銀行協会「全国銀行財務諸表分析」を基に筆者作成

3 調達金利の変動要因

(1) 調達金利の変動に影響を与える主な要因

　金融機関の調達金利の水準は、物品やサービスの価格と同様、主に資金の需要と供給のバランスを基に決まっています。資金の量が一定であれば、資金を借りたい人が多い時（＝需要が高い時）には金利は上がり、少ない時には下がります。

　資金に関する需要と供給が変化する要因は、主として景気・物価・為替相場があげられ、資金の需要と供給に大きな影響を与える要因として、日本銀行による金融政策の変更があげられます。

(2)「景気」による金利の変動

　景気が上昇する局面では、消費者の購買意欲が高まり、景気とともに個人消費が増大すれば、企業の生産活動が活発化して、設備投資の意欲が高まることが見込まれます。これらによって、一般的に資金需要が高まることが見込まれるため、金利が上昇すると考えられます。反対に、不景気とともに個人消費が減退すれば、企業は生産を控えることになって、資金需要が低下し、金利は下降すると考えられます。

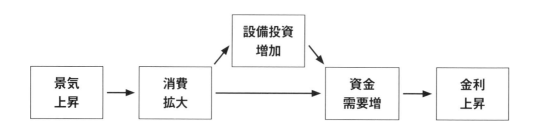

（3）「物価」による金利の変動

　物価が上昇する局面では、同じ品物を購入するために従前より多くの資金が必要になります。また、値上がり前に物を買おうする心理も働きやすくなり、資金需要が高まります。一方で金融機関は、資金需要（貸出ニーズ）に対応するための資金を確保するために、預金金利を引き上げて預金を増加させようとします。

　さらに、物価が過度に上昇した場合は、インフレーションを抑制するために日本銀行が、政策金利の引き上げ等により金融引き締め政策を取ることがあります。高い金利は借入コストを増加させ、消費や投資を抑制する効果があるので、需要が抑制され物価上昇の勢いが緩和されることが期待されます。

　反対に、消費者が購買行動を控え、物価が下落してデフレ状態になると、日本銀行が景気刺激のために政策金利を引き下げることがあります。低い金利は借入コストを低下させ、消費や投資を促進する効果があります。これによって需要が刺激され、物価の下落を抑制する効果が期待されます。

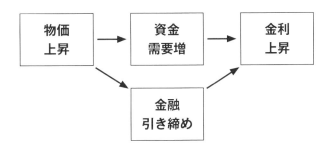

　なお、2006年6月～2024年6月までの物価指数と貸出金利（新規／総合／国内銀行）等の推移をみてみると（30頁のグラフ参照）、貸出金利（新規／総合／国内銀行）は、物価動向とほぼ無関係に2020年中頃～2021年中頃まで低下し続けていましたが、その後、物価指数と同様、上昇傾向にあります。

▶ 物価指数(右目盛)、日銀政策金利および貸出金利等の推移(2006年6月～2024年6月)

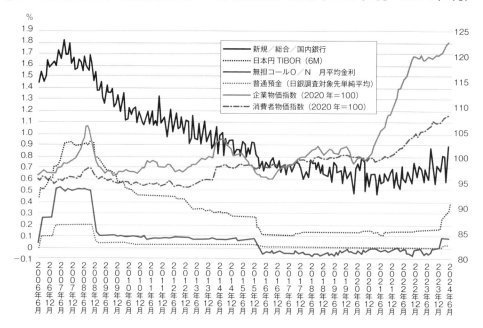

（４）「為替相場」による金利の変動

　為替相場の変動により金利にも影響がでます。例えば、円安ドル高が予想される場合、円安が進む前にドル建て金融資産の運用を開始しようとするニーズが増加します。ドル建て金融資産の運用を開始するために、円建て金融資産の解約や売却が増加すれば、円の資金供給が減少するので、円金利は上昇すると考えられます。また、円安が進んで輸入価格が上昇し、物価の上昇に波及すれば、物価の上昇に伴う金利の上昇につながるという側面もあります。

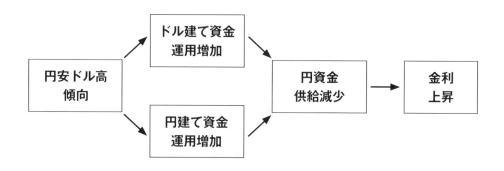

(5) 日本銀行による金融政策の変更による金利の変動

①日本銀行による金利操作の方法

日本銀行は、物価の安定を図ることを通じて国民経済の健全な発展に資するため、金融政策を遂行しています。そして、日本銀行では金融政策の実施にあたり、無担コールO／N、日銀当座預金等の金利やマネタリーベース等の量的な指標などを操作目標として、金融市場調節方針を決定しています。

日本銀行の金融政策手段は、大別すれば、(a) 公開市場操作、(b) 公定歩合操作、(c) 預金準備率操作の３つがあり、かつては、公定歩合操作が金融政策の中心手段でしたが、現在では、公開市場操作（日本銀行が、市場で行う債券や手形の売買等）による市場金利の誘導が中核的な政策手段となっています。

②日本銀行の政策金利

日本銀行は「無担コールO／Nの誘導水準」、「補完当座預金制度適用金利」、「基準貸付利率（旧公定歩合）」等の政策金利を活用して短期金融市場の金利を上下にコントロールしていますが、現在の日本銀行の政策金利の主役は、下記の通り「無担保コールレート（オーバーナイト物）の誘導水準」です。

※下記Ａ、Ｂ、Ｃの内容は日本銀行ホームページに掲載されている内容を基に筆者が作成したものです。

Ａ．無担コールO／Nの誘導水準

1990年代以降、無担保コールレート（オーバーナイト物）が金融市場調節の主たる操作目標となり、1998年（平成10年）からは、「無担保コールレート（オーバーナイト物）を、平均的にみて○○％前後で推移するよう促す」などとする金融市場調節方針が定められるようになりました。こうした方針の基で、公開市場操作を通じて、金融市場における資金の総量、すなわち金融機関が保有する日銀当座預金残高の総額を増減させることで、資金の需要と供給のバランスを変化させ、金利を上下にコントロールしていましたが、日本銀行の潤沢な資金供給により法定準備預金額を超える「超過準備」が多く存在する基では、2008年（平成20年）に導入した補完当座預金制度の枠組みにより、「超過準備」に一定の金利を付すことで、金融機関の裁定行動を通じて、無担保コールレー

ト（オーバーナイト物）を適切な水準に誘導しています。

参考URL：https://www.boj.or.jp/about/education/oshiete/seisaku/b32.htm

B. 補完当座預金制度適用金利

日本銀行が金融機関等から受入れる当座預金のうち、いわゆる「超過準備」（準備預金制度に基づく所要準備を超える金額）付す利息です。

2016年（平成28年）1月に導入された「マイナス金利付き量的・質的金融緩和」の基では、日本銀行の当座預金は3階層に分割され、それぞれの階層ごとにプラス金利、ゼロ金利、マイナス金利が適用されていました。

その後、2024年（令和6年）3月に金融政策の枠組みの見直しが決定されたことにより、階層構造は廃止され、「マイナス金利付き量的・質的金融緩和」の導入前と同様に、「超過準備」にプラスの金利が適用されることになりました。

参考URL：https://www.boj.or.jp/about/education/oshiete/seisaku/b37.htm

C. 基準貸付利率（旧公定歩合）

規制金利時代の日本銀行の主な金融調節手段は、オペレーションではなく、「公定歩合」により金融機関に貸出を行うことでした。また、規制金利時代には、預金金利等の各種の金利が「公定歩合」に連動していたため、「公定歩合」が変更されると、こうした金利も一斉に変更される仕組みになっていました。このため、「公定歩合」は金融政策の基本的なスタンスを示す代表的な政策金利でした。

しかし、1994年（平成6年）に金利自由化が完了し、「公定歩合」と預金金利との直接的な連動性はなくなりました。この連動関係に代わって、現在、各種の金利は金融市場における裁定行動によって決まっています。こうした状況の基、かつての「公定歩合」は、現在、「基準貸付利率」と呼ばれ、「補完貸付制度」（※）の適用金利として、無担保コールレート（オーバーナイト物）の上限を画する役割を担うようになりました。」

参考URL：https://www.boj.or.jp/about/education/oshiete/seisaku/b38.htm

※補完貸付制度

　日本銀行があらかじめ定めた条件(貸付期間を1営業日とする等)に基づき、貸付先からの利用申込みを受けて、担保の範囲内で受動的に実行する貸付制度であり、2001年(平成13年)2月に導入されました。本制度の対象先は、銀行、証券会社といった金融機関のうち、貸付先となることを希望する先で、信用力が十分であると日本銀行が認めた先です。

　本制度については、何らかの理由により、短期市場金利が本制度の適用金利(基準貸付利率)を超えて上昇した場合、対象先は、いつでもこれを利用できることがあらかじめ明確になっています。このため、結果的に、基準貸付利率が短期市場金利の上限を画するものと期待されます。

　　　参考URL：https://www.boj.or.jp/about/education/oshiete/seisaku/b38.htm

③日本銀行による金融政策の変遷(1999年2月～2024年8月)(A)

期間	金融政策の種類	操作目標	短期金利誘導目標等
1999年2月～2000年8月	ゼロ金利政策	無担保コールレート(O/N物)	「できるだけ低め」(事実上ゼロ％)
2001年3月～2006年3月	量的緩和政策	「日銀当座預金残高」に変更	(ゼロ％程度で推移)
2010年10月～2013年4月	包括的な金融緩和政策	無担保コールレート(O/N物)	0～0.1％
2013年4月～	量的・質的金融緩和	「マネタリーベース」に変更	マイナス金利付き量的・質的金融緩和の導入(2016年1月)
2016年9月～2024年3月	長短金利操作付き量的・質的金融緩和	長短金利[短期政策金利　10年物国債金利(2018/7フォワード・ガイダンス導入)]	マイナス圏で推移
2024年3月～2024年7月	ゼロ金利政策	無担保コールレート(O/N物)	0～0.1％
2024年8月～	金利引き上げ量的金融引き締め	無担保コールレート(O/N物)	0.25％

出所：日本銀行ホームページに掲載されている公表資料を基に筆者作成

④日本銀行による金融政策の変遷（1999年2月～2024年8月）（B）

期間	①長めの金利のコントロール	②リスク・プレミアム資産への働きかけ	③マイナス金利の適用（当座預金への付利）	④予想物価上昇率の引き上げ
1999年2月～2000年8月	時間軸政策（フォワード・ガイダンス）を採用			
2001年3月～2006年3月	時間軸政策（フォワード・ガイダンス）を採用			
2010年10月～2013年4月	・長期国債の買入れ拡大 ・固定金利オペ ・時間軸政策（フォワード・ガイダンス）を採用	リスク性資産の買入れ開始（CP、社債、ETF、J-REIT）		「物価安定の目標」（2013/1導入）
2013年4月～	大規模な長期国債買入れ		マイナス金利（2016/1導入）	「物価安定の目標」への強く明確なコミットメント
2016年9月～2024年3月	・長期金利の操作目標（ゼロ％程度）を設定 ・イールドカーブ・コントロール（10年物国債金利操作）	リスク性資産の買入れ保有額を大幅に拡大	マイナス金利	オーバーシュート型コミットメントを追加
2024年3月～2024年7月	イールドカーブ・コントロール撤廃	・ETF、J-REIT：新規買入れ終了 ・CP、社債等：1年後をめどに買入れ終了	マイナス金利解除	オーバーシュート型コミットメントを廃止
2024年8月～	月間の長期国債の買入れ予定額を、原則として毎四半期4,000億円程度ずつ減額し、2026年1～3月に3兆円程度とする			

出所：日本銀行ホームページに掲載されている公表資料を基に筆者作成

4 調達金利の種類とそれぞれの公表データ等

(1) 預金金利

各金融機関が種類別期間別の店頭表示レートを公表しています。

また、多くの金融機関は、統合報告書（ディスクロージャー）等で、預金利回りを公表しており、全国銀行協会が公表している「全国銀行財務諸表分析」では、「預金債券等利回り」の水準が業態別に掲載されています。

参考URL：全国銀行財務諸表分析（https://www.zenginkyo.or.jp/stats/year 2 -02/）

(2) 短期市場金利

主な短期市場金利は以下の通りですが、金融機関の信用力に左右されることがあります。

①無担保コールO／N物レート

無担保コールO／N物レートは、コール市場における無担保での資金貸借のうち、約定日に資金の受払を行い、翌営業日を返済期日とするものにかかる金利のことで、日本銀行が、平均、最高、最低の3種類について、各営業日の当日午後5時15分頃「速報値」、翌営業日の午前10時頃「確報値」を公表しています。

参考URL：https://www3.boj.or.jp/market/jp/menu_m.htm

なお、無担保コールO／N物レートは、短資会社3社から提供されるデータをもとに算出されており、このうち、「平均」はレートごとの積数の合計値をレートごとの出来高の合計値で除した加重平均値です。

また、無担保コールO／N物レート（平均）は、TONA（Tokyo OverNight Average rate）とも呼ばれ、2016年12月に日本円のリスク・フリー・レートとして特定されています。

②日本円TIBOR

　市場金利連動貸出（変動金利貸出）の代表的な基準金利は日本円TIBORであり、毎営業日、午前11時時点における1週間物、1か月物、3か月物、6か月物、12か月物の5種類について、レート呈示銀行（15金融機関）から呈示された無担保コール市場の実勢レートに基づいて、全銀協TIBOR運営機関が情報提供会社を通じて公表しています。

参考URL：https://www.jbatibor.or.jp/rate/

　なお、ユーロ円TIBORは、2024年12月末で恒久的に公表停止することが決定されています。

（3）預金金利と短期市場金利の推移（2006年6月～2024年6月）

　2006年7月の金融政策決定会合で無担保コールO／Nの誘導水準が「おおむねゼロ％」から「0.25％前後」に引き上げられる直前の2006年6月から2024年6月までの普通預金金利と短期市場金利の推移は次のグラフの通りです。

　この間、2006年6月～2008年10月の金融政策決定会合で無担保コールO／Nの誘導水準が「0.5％前後」から「0.3％前後」に引き下げられるまでの間は、各金利はおおむね無担保コールO／Nの変動と歩調を合わせて変動しました。

　その後、2008年12月の無担保コールO／Nの誘導水準の「0.1％前後」への引下げから2016年1月のマイナス金利政策導入前までの間は、普通預金金利はおおむね無担保コールO／Nの変動と歩調を合わせて変動しましたが、日本円TIBORは各期間とも、無担保コールO／Nの低下よりかなり緩やかな速度で低下しました。

　2016年1月のマイナス金利政策導入から2024年3月の解除までの間は、各金利ともおおむね無担保コールO／Nの変動と歩調を合わせてほぼ横ばいで推移しましたが、日本円TIBOR12か月物は2022年3月くらいから金利が上昇し始めていました。

▶ 普通預金金利及び無担コールO／N、日本円TIBORの推移（2006年6月～2024年6月）

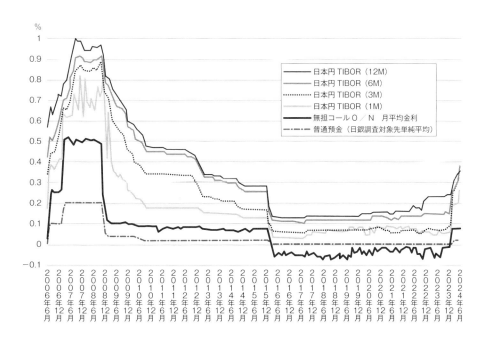

出所：日本銀行及び全銀協TIBOR運営機関のホームページ掲載資料を基に筆者作成

（4）金利スワップレート

　多くの金融機関では、長期固定金利貸出の金利について、金融市場で取引される金利スワップレート（※）を基準金利として、この金利に一定のスプレッドを加えて決定しています。

※同一通貨の固定金利と変動金利との交換を行う取引における固定金利の水準であり、金融機関による固定金利による資金調達レートの水準です。

　現在、円金利スワップ取引で対象としている変動金利は、TONA（無担保コール翌日物）、日本円TIBOR（1か月、3か月、6か月）、ユーロ円TIBOR（1か月、3か月、6か月）がありますが、取引の主流はTONA（無担保コール翌日物）を対象としたOIS（翌日物金利スワップ：Overnight Index Swap）です。

　OISを対象とした固定金利の期間は、1年未満が15種類（最短1日）、1年以

上10年未満が11種類、10年以上が9種類（最長40年）あり、期間（年限）毎のOIS金利を線で結んだ曲線はOISカーブ（OIS曲線）と呼ばれています。

◉ OISカーブ：2024年8月2日時点

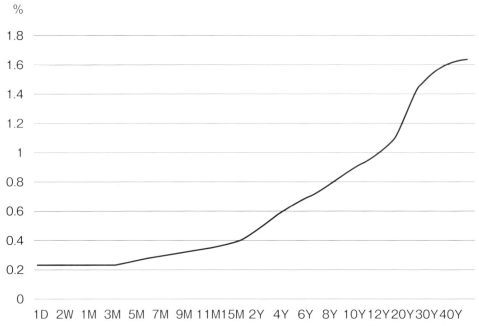

出所：日本証券クリアリング機構の資料を基に筆者作成

◉ 期間別日本円ＯＩＳ金利（2024年8月2日分）

(単位：%)

1D	1W	2W	3W	1M	2M	3M	4M	5M
0.227	0.2275	0.22688	0.22375	0.22253	0.22293	0.22471	0.24125	0.26087

6M	7M	8M	9M	10M	11M	1Y	15M	18M
0.28297	0.29833	0.31327	0.32893	0.34211	0.355	0.36688	0.4025	0.43625

2Y	3Y	4Y	5Y	6Y	7Y	8Y	9Y	10Y
0.49333	0.56875	0.62042	0.66542	0.71479	0.77114	0.82792	0.88379	0.94469

11Y	12Y	15Y	20Y	25Y	30Y	35Y	40Y	
1	1.05542	1.20919	1.42094	1.52813	1.58563	1.6175	1.63438	

出所：日本証券クリアリング機構

日本取引所グループ傘下の日本証券クリアリング機構では、OISの他、日本円TIBOR等と固定金利（最長30年）との円金利スワップ取引を含めて、期間別固定金利の金利水準、件数、金額について日次で公表しています。
　　　　　　　　　　　参考URL：https://www.jpx.co.jp/jscc/toukei_irs.html

　なお、円金利スワップレートは、2021年12月末に円LIBOR（ロンドン銀行間取引金利）の公表が終了するまでは、長年、株式会社QUICKが算出し、「東京円金利スワップレート平均値」という名称で、マーケットに提供されてきましたが、2021年12月30日をもって終了しています。

（5）基準貸付利率

　「基準割引率及び基準貸付利率（従来『公定歩合』として掲載されていたもの）の推移」として、日本銀行のホームページに掲載されています。
　　　　　参考URL：https://www.boj.or.jp/statistics/boj/other/discount/discount.htm

5　経費率

経費率（OHR：Over Head Ratio）は、次の計算式で求められる指標で、この比率が低いほど、より少ない経費で、より多くの粗利益を上げていることを示します。

$$経費 \div 業務粗利益 \times 100 = 経費率(OHR)$$

現状のように貸出金利が非常に低い水準にある状況において、採算金利の水準に大きな影響を与える要素であり、金融機関の効率性をみる上で重要なだけでなく、貸出金利の自由度を高める意味においても非常に重要な指標であり、多くの金融機関が統合報告書（ディスクロージャー）等でこの指標を開示しています。

なお、経費率の水準は、全国銀行協会が公表している「全国銀行財務諸表分析」では、経費率に加えて経費の内訳である人件費、物件費、税金の比率についても業態別のデータを掲載しています。

参考URL：全国銀行財務諸表分析（https://www.zenginkyo.or.jp/stats/year2-02/）

6 信用コスト

（1）各金融機関の信用コスト

　信用コストは与信関係費用ともいい、各金融機関の信用コストは次の計算式の通りで、引当処理の場合は貸倒引当金の追加繰入額、最終処理の場合は回収不能額から既引当済みの金額を差し引いたものです。そして、この費用を各金融機関の貸出残高で除した指標が信用コスト率です。

> 信用コスト＝貸倒引当金純繰入額＋貸出金償却＋売却損等－償却債権取立益
> 信用コスト率＝信用コスト÷貸出残高

　金融機関の信用コスト率の推移は下記の通りで、大手行、地域銀行、信用金庫とも2021年度以降低下傾向にあります。

▶ 信用コスト率の推移

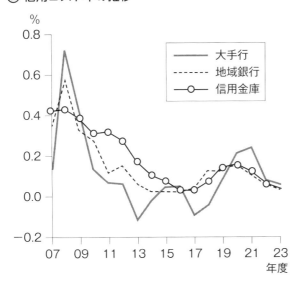

出所：日本銀行
「金融システムレポート（2024年4月号）」
(https://www.boj.or.jp/research/brp/fsr/fsr240418.htm)

（２）個別貸出金利の構成要素としての信用コスト

　多くの金融機関では、信用格付別の貸出金利のガイドラインを設けており、信用格付別の信用コストの差を基準金利に対するスプレッドの差に反映させています。

　また、リスクコスト控除後収益の管理体制高度化の観点から、貸出先別総合採算管理の一環として、貸出別の信用コストを把握できる仕組みを導入する金融機関が増えています。

7 プライムレート

(1) プライムレートの種類

本章「1.貸出金利の基本的な構成要素と利ざや（スプレッド）の関係」に図示した通り、プライムレート（最優遇貸出金利）は、貸出金利を決定するための重要な要素であり、各金融機関が独自に設定する金利で、現在使用されている主なプライムレートは次の4種類です。

なお、下記②③の新長期プライムレートは短期プライムレートに一定のスプレッドを加えた金利であり、④の長期プライムレートはごく一部の金融機関でしか使用されていないため、最も注目すべきプライムレートは①の短期プライムレートです。

①**短期プライムレート**

期間1年以内の短期貸出に対する最優遇金利で、1989年1月23日以降、金利決定方式を総合的な調達コスト等をベースとした方式に変更。

②**新長期プライムレート（期間1年超3年以内）**

短期プライムレート＋0.3％

③**新長期プライムレート（期間3年超5年以内）**

短期プライムレート＋0.5％

④**長期プライムレート**

旧長期信用銀行系3行（※）や信託銀行、商工組合中央金庫等が設定している長期貸出の最優遇金利で、金融機関が発行する「5年物普通社債」の発行利率や市場で取引されるスワップレートなど、マーケットにおける資金調達レートを参考に、一定の利率を上乗せする方式で決定されています。

※みずほ銀行(旧日本興業銀行)、SBI新生銀行(旧日本長期信用銀行)、あおぞら銀行(旧日本債券信用銀行)

（2）長短プライムレート等の推移（1993年10月～2024年6月）

　1993年10月～2024年6月までの長短プライムレート等の推移は次のグラフの通りで、短期プライムレートと政策金利や貸出金利との関係等は第1章で解説した通りです。なお、長期プライムレートはマイナス金利政策が導入された2016年1月頃から2022年中頃までほぼ横ばいで推移していましたが、その後、短期金利の上昇に先行して上昇基調で推移しています。

◉ プライムレート、政策金利、貸出金利等の推移（1993年10月～2024年6月）

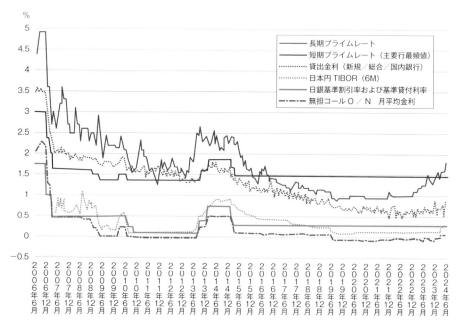

※都市銀行等（みずほ銀行、三菱UFJ銀行、三井住友銀行、りそな銀行、三菱UFJ信託銀行

8 貸出金利回り、経費率、利ざや等に関する公表データ等

　多くの金融機関は統合報告書（ディスクロージャー）等で自社全体の「資金運用利回り」及び「資金調達原価率」、その差分である「総資金利ざや」等を公表しており、これらの水準や動きはマスコミ等でも時々取り上げられています。

　また、全国銀行協会は、業態別の貸出金利構成要素等の水準に関するデータを公表しているので、第1章「3．資金運用利回り、資金調達原価及び総資金利ざや等の推移」で解説したような業態別の比較が容易にできます。

　　参考URL：全国銀行財務諸表分析（https://www.zenginkyo.or.jp/stats/year2-02/）

　なお、金融機関の資金運用手段は貸出だけではないので、他の運用手段を含めた資金運用利回りから資金調達原価を控除した総資金利ざや（※）を公表しています。

※総資金利ざやは、銀行の収益全体に大きな影響を与えるため、収益力を判断するための重要な指標ですが、前記1で説明した原価のうちの「信用コスト」を反映していないので、その点は注意が必要です。

第3章

貸出金利の設定において考慮すべき事項

> ココだけは
> **押さえておきたい！**

　このセッションは貸出金利の設定において考慮すべき事項について学習します。考慮すべき事項として、貸出金利設定の前提となるフレームワーク、貸出先別採算管理の指標、ケース別の各種指標の比較、信用状況、バンクフォーメーション、貸出スタンス、他社動向等について学習します。

貸出金利の設定に際しては、第2章で解説した貸出金利の構成要素に関する事項以外に、以下の事項も考慮する必要があります。

1 貸出金利設定の前提となるフレームワーク

　貸出業務は貸出先の信用リスク以外にも市場リスク、流動性リスク等、様々なリスクの影響を受ける業務であり、貸出金利の設定は、各金融機関の総合的なリスク管理の仕組みの中で実施する必要があります。

　総合的なリスク管理の手法については、2008年のリーマン・ショック以後、金融機関のコーポレート・ガバナンス強化の一環として「リスクアペタイトフレームワーク」（以下、「RAF」という）が提唱され、2013年11月18日に金融安定理事会（国際決済銀行内に事務局を設置）が「実効的なリスクアペタイト・フレームワークの諸原則」を公表し、現在、多くの金融機関で経営管理の枠組みとしてRAFを活用しています。これらの金融機関では貸出金利設定の考え方もRAFが前提となっています。

(1) RAFに関する用語の定義と説明

　「金融システムの安定を目標とする検査・監督の考え方と進め方」(金融庁：平成31年3月)には、「リスクアペタイト」と「RAF」について下記の図左側のように記載されており、それぞれ「リスク管理の中長期的な指針」とその指針を包含した経営管理のフレームワークと言えます。

	金融庁による定義	説明
リスクアペタイト	自社のビジネス・モデルを踏まえたうえで、事業計画達成のために、進んで受け入れるべきリスクの種類と総量	どのような業務に取り組んで、どのようなリスクを、どれだけ、またどのように通り、どのくらいの収益をあげるかに関する「リスク管理の中長期的な指針」
RAF	リスク・アペタイトを資本配分や収益最大化を含むリスク・テイク方針全般に関する社内の共通言語として用いる経営管理の枠組み	予算計画策定、予算実績管理、業績評価というマネジメントサイクルにおいて、常にリスク・アペタイトを意識した運営を行う「経営管理のフレームワーク」

出所：金融庁「金融システムの安定を目標とする検査・監督の考え方と進め方」
　　　野村総合研究所「リスクアペタイト・フレームワーク(RAF)構築と運用〜海外金融機関事例からの示唆〜」

（2）RAF活用の意義

①経営計画の透明性の向上

A．経営計画実現のためにどのようなリスクを引き受けるのかについて、あらかじめ特定する。

B．金融機関の組織内および外部のステークホルダーとの間の経営計画に関するコミュニケーションツールとして活用し、ステークホルダーに対する説明責任を果たすためのツールとして活用する。

②規律あるリスク・リターンの管理態勢の強化

A．リスクアペタイトを包含したマネジメントサイクルの活用を強化する。

B．「リスク抑制・制約」の観点だけでなく、「資本効率向上」の観点から、積極的なリスクテイクの側面も検討して、リスク・リターンを向上させる。

C．想定外の損失を回避するために、リスクアペタイトの設定およびモニタリングによって、顕在化しうるリスク（想定損失）を可視化する。

③財務の健全性・長期的収益の安定性の向上

A．「資本」「流動性」「収益」「リスク」を常に一体化して管理することで、組織のあらゆるレベルにおいて、それぞれのバランスを考慮した機動的な意思決定を行う。

B．リスクと収益の将来の変化という視点を経営管理のフレームワークに盛り込むことで、将来価値を損なうことなく、規律ある戦略を推進する。

（3）RAFの概要

　前記（1）、（2）の内容を踏まえたRAFの概要は下記の図の通りで、リスクアペタイト、財務計画及び事業戦略を有機的に結合させた経営計画を立案して実行し、ストレステストによる経営計画の検証や統合リスク管理のモニタリング、財務計画や事業戦略の進捗管理、業績評価等の実施等のステップを経て、その内容を経営計画の改善に結び付けるという経営管理のフレームワークです。

RAFの概要

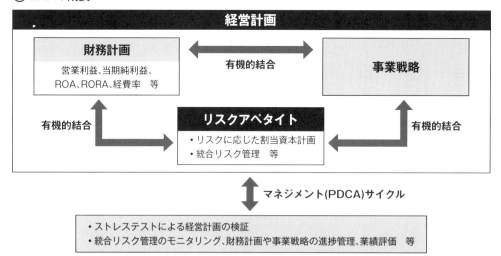

（4）RAFの活用状況等

①3メガバンクグループや大規模証券会社グループ等

「平成27事務年度 金融行政方針：金融庁」において、以下の事項を検証することが記載され、金融庁の検証対象とされています。

「リスクアペタイトフレームワークの構築を通じ、経営レベルでのリスクガバナンスの強化を図っているか（将来の経済や市場のストレスを勘案したきめ細かな収益管理や機動的な経営方針・資本政策の見直しを含む）」

②地域金融機関

金融庁の必須の検証対象項目とされていませんが、「変革期における金融サービスの向上にむけて〜金融行政のこれまでの実践と今後の方針〜（平成30事務年度）：金融庁」や2019年6月改訂版以降の「中小・地域金融機関向けの総合的な監督指針：金融庁」に、経営管理体制構築の選択肢としてRAFの活用が例示されており、RAFを活用する地域金融機関が増加しています。

2　貸出先別採算管理

(1) 貸出先別総合採算管理の重要性

　貸出業務は貸出先との総合的な取引の状況を勘案した上で実施すべきものであり、貸出金利の設定も総合的な採算管理の一環として実施する必要があります。

(2) 貸出先別総合採算管理の指標

　第2章に記載した通り、貸出金利の構成要素には信用コストが含まれるため、貸出先の採算管理については、信用コストを反映した管理指標が必要です。
　そのため、多くの金融機関では、RAFにおける主要管理指標の1つであるRORA（リスクアセット対比収益率：Return On Risk-weighted Asset、以下「RORA」という。下式参照）を貸出先別総合採算管理の指標として活用しています。また、RORAをRAROC（リスク資本リスク調整後収益率：Risk Adjusted Return On Capital）と呼ぶこともあります。

$$\text{RORA（リスクアセット対比収益率：Return On Risk-weighted Asset）} = \frac{\text{資金スプレッド収益（貸出＋預金）＋役務収益－経費－信用コスト}}{\text{貸出残高×リスクウェイト}}$$

　この計算式の分子は、RACAR（リスクコスト調整後収益：Risk And Cost Adjusted Return）と呼ばれ、第2章1で解説した貸出スプレッド収益に預金スプレッド収益及び役務収益を加味した内容であり、分母を「貸出残高」としたRAROA（貸出資産リスク調整後収益率：Risk Adjusted Return On Asset）を管理指標として使用する場合もあります。

$$\text{RORA} = \frac{\text{RACAR}}{\text{貸出残高×リスクウェイト}} \qquad \text{RAROA} = \frac{\text{RACAR}}{\text{貸出残高}}$$

（3）RORAの活用

　RORAは、収益実績の管理だけでなく、個別貸出金利や貸出金利ガイドラインの設定に活用したり、貸出取引別、貸出先別、貸出先グループ別、営業店別、エリア別、業種別等の単位で比較することで、収益性の優劣を明らかにして経営管理や営業戦略に活用することができる指標です。

　さらに、RORAは次の計算式のように見ることもでき、RORAの水準を引き上げることは、自己資本比率とROE（自己資本収益率）を同時に向上させるために有効な手段と考えられます。

$$\underset{\text{RORA}}{\frac{リスク・コスト調整後収益}{リスクアセット}} \fallingdotseq \underset{\text{自己資本比率}}{\frac{自己資本}{リスクアセット}} \times \underset{\text{ROE}}{\frac{当期純利益}{自己資本}}$$

（4）資金収益率

　資金収益率は、次の計算式の通りで、RORAを活用していない場合は、取引採算を管理する際の重要な指標の1つです。なお、第2章1で解説した貸出スプレッド収益に預金スプレッド収益を加算した資金スプレッド収益を貸出金額で除した資金スプレッド収益率とは異なる概念です（55頁図表の表内指標⑥～⑨参照）。

$$資金収益率 = \frac{貸出利息 - 預金利息 \pm 預貸差額 \times 外部調達（運用）レート}{貸出または預金の残高の大きい方の平残} \times 100$$

（5）実効金利

　実効金利は、次の計算式の通りで、借入側から見た場合、正味の借入残高に対する正味の支払利息の割合という意味合いを持ち、金融機関側もRORAの活用による総合採算管理が主流になる以前、実効金利を活用した採算管理が主流であった時代があるため、金利引き上げ交渉の場面で実効金利の水準が論点となる場

合があります。

$$実効金利 = \frac{貸出平均残高 \times 貸出金利 - 預金平均残高 \times 預金金利}{貸出平均残高 - 預金平均残高}$$

また、実効金利の水準を論点とする場合、貸出残高に対する預金残高の「歩留率」が論点となる場合があります。「歩留率」は「預金残高／貸出残高」の比率であり、これを実効金利の計算式にあてはめるために、先ほどの実効金利の計算式の右辺を貸出金額で割ると次のように示すことができます。

$$実効金利 = \frac{貸出金利 - 預金金利 \times (預金平均残高／貸出平均残高)}{1 - (預金平均残高／貸出平均残高)}$$

例えば、預金金利がゼロの場合、実効金利は次の表のように計算され、歩留率の多寡が採算性に大きく影響することが容易にわかります。

▶ 歩留率の違いによる貸出金の表面金利と実効金利の比較

	歩留率					
	0%	10%	20%	30%	40%	50%
表面金利	1.00%	1.00%	1.00%	1.00%	1.00%	1.00%
実効金利	1.00%	1.11%	1.25%	1.43%	1.67%	2.00%

※預金金利が0％の場合

(6) 貸出金利回り

貸出先別の貸出金利回りは、次の計算式の通りで、貸出金利交渉前後の差異を容易に比較できるので、金利引き上げ交渉に関する目標達成状況を確認するための指標の1つとして考えられます。

$$貸出金利回り = \frac{貸出金利息}{貸出平均残高} (\fallingdotseq 加重平均貸出利率)$$

3 ケース別の各種指標の比較

　55頁の表は、総合採算に影響を与える要素の違いによる各種指標を比較した表であり、55頁の表の最下段の⑰RORAを比較した場合、ケースEのように保証協会保証付貸出を活用してリスクアセットを低く抑えることが非常に効果的であることがよくわかると思います。

　　ケースA：短期プライムレート±0％の短期貸出のみ、歩留率10％、役務収益ゼロ
　　ケースB：ケースAより貸出利率が0.3％高い場合
　　ケースC：ケースAより役務収益が300千円高い場合
　　ケースD：ケースCの一部が一般長期貸出の場合
　　ケースE：ケースCの一部が信用保証協会保証付長期貸出の場合
　　ケースF：ケースAの歩留率が20％の場合

第3章 貸出金利の設定において考慮すべき事項

ケース別の各種指標の比較表

(金額単位：千円)

			ケースA	ケースB	ケースC	ケースD	ケースE	ケースF
①貸出金	A一般短期	平残 a	50,000	50,000	50,000	30,000	30,000	50,000
		リスクウェイト b	100%	100%	100%	100%	100%	100%
		利率 c	1.625%	1.925%	1.625%	1.625%	1.625%	1.625%
		利息 d=axc	813	963	813	488	488	813
		仕切りレート f	0.950%	0.950%	0.950%	0.950%	0.950%	0.950%
	B一般長期	平残 a				20,000		
		リスクウェイト b				100%		
		利率 c				1.925%		
		利息 d=axc				385		
		仕切りレート f				1.050%		
	C保証協会保証付	平残 a					20,000	
		リスクウェイト b					10%	
		利率 c					1.925%	
		利息 d=axc					385	
		仕切りレート f					1.050%	
	D貸出金計=Aa+Ba+Ca		50,000	50,000	50,000	50,000	50,000	50,000
	E貸出金利息計=Ad+Bd+Cd		813	963	813	873	873	813
	F貸出金スプレッド収益※1		338	488	338	378	378	338
②預金	G流動預金	平残 a	5,000	5,000	5,000	5,000	5,000	5,000
		利率 b	0.02%	0.02%	0.02%	0.02%	0.02%	0.02%
		利息 c=axb	1	1	1	1	1	1
	H固定預金	平残 a						5,000
		利率 b						0.03%
		利息 c=axb						2
	I預金計=Ga+Ha		5,000	5,000	5,000	5,000	5,000	10,000
	J預金利息計=Gc+Hc		1	1	1	1	1	3
	K仕切りレート		0.600%	0.600%	0.600%	0.600%	0.600%	0.600%
	L預金スプレッド収益※2		29	29	29	29	29	58
③預貸差	平残 a=Aa+Ba+Ca-Ea-Fa		45,000	45,000	45,000	45,000	45,000	40,000
	仕切りレート b		0.600%	0.600%	0.600%	0.600%	0.600%	0.600%
	調達コスト c=axb		270	270	270	270	270	240
④実効金利：(E-J)/(D-I)			1.803%	2.137%	1.803%	1.937%	1.937%	2.025%
⑤歩留率：I/D*100			10.0%	10.0%	10.0%	10.0%	10.0%	20.0%
⑥資金収益：①E-②J-③c			542	692	542	602	602	570
⑦資金収益率：⑥/D			1.083%	1.383%	1.083%	1.203%	1.203%	1.140%
⑧資金スプレッド収益：F+L			367	517	367	407	407	395
⑨資金スプレッド収益率：⑧/D			0.733%	1.033%	0.733%	0.813%	0.813%	0.790%
⑩役務収益			0	0	300	300	300	300
⑪信用コスト率			0.1%	0.1%	0.1%	0.1%	0.1%	0.1%
⑫信用コスト※3			50	50	50	50	32	50
⑬経費率			0.6%	0.6%	0.6%	0.6%	0.6%	0.6%
⑭経費：D*⑬			300	300	300	300	300	300
⑮RACAR(リスクコスト調整後収益)※4			17	167	317	357	375	345
⑯RAROA(リスク調整後収益率)：⑮/D			0.033%	0.333%	0.633%	0.713%	0.749%	0.690%
⑰RORA(リスク・アセット対比収益率)※5			0.033%	0.333%	0.633%	0.713%	1.170%	0.690%

※1．①F貸出金スプレッド収益：Aa*(Ac-Af)+Ba*(Bc-Bf)+Ca*(Cc-Cf)

※2．②L預金スプレッド収益：Ga*(K-Gb)+Ha*(K-Hb)

※3．⑫信用コスト：(Aa*Ab+Ba*Bb+Ca*Cb)*⑪

※4．⑮RACAR(リスクコスト調整後収益)：⑧+⑩-⑫-⑭

※5．⑰RORA(リスク・アセット対比収益率)：⑮/(Aa*Ab+Ba*Bb+Ca*Cb)

4 信用状況

　第2章で解説した通り、信用コストは貸出金利の構成要素であるため、多くの金融機関では信用格付別の貸出金利ガイドライン（信用格付別スプレッド）が設定されていると思います。

　さらに、信用状況は時間の経過とともに変動する可能性があり、貸出期間の長短は流動性リスクや変動リスク等も考慮するもるため、信用格付別の貸出金利ガイドラインに加えて、貸出期間別の貸出金利ガイドライン（貸出期間別スプレッド）が設定されている金融機関が多いと思います。

　ただし、単純に信用格付別のスプレッドに貸出期間別のスプレッドを加算すればよいのではなく、信用格付の安定性やその他の事項を総合的に勘案して貸出金利を設定する必要があります。

　例えば、信用格付の安定性を評価する場合、業歴が長く信用格付が安定している企業と業歴が短く信用格付が変動する可能性が高い企業を比較した場合、状況次第で安定性を高く評価した方がよい場合もあれば成長性を高く評価した方がよい場合も考えられ、金利設定時の信用格付が同じであったとしても、加算すべきスプレッドに差異が生じる可能性があります。

5 バンクフォーメーションにおける位置付け

　貸出先のバンクフォーメーション（金融機関取引体制）における位置付けの違いによって、メインバンク、準メインバンク、下位取引金融機関で、それぞれ異なる役割と関係性があり、下記の表に記載したように貸出金利の設定方針にも違いが生じる傾向があります。

▶ 貸出金利設定方針の傾向

位置付け	主な役割	貸出金利の設定方針の傾向
メインバンク	企業の主要な貸出先であり、最大の貸出シェアを持つ。経営に関する深い情報提供を受け、経営指導や営業協力等も行う。	他行と比べて低めの金利設定が可能。企業の信用状況や経営状態に応じて、柔軟な金利設定が行われることが多い。
準メインバンク	メインバンクに次ぐ貸出先。メインバンクと比べると貸出額は少ないが、重要な取引先の1つ。	メインバンクの金利設定を参考にしつつ、若干高めの金利が設定されることが一般的。
下位取引金融機関	貸出額が少なく、取引の頻度や深さもメインバンクや準メインバンクに比べて少ない。	メインバンクや準メインバンクと比べて高い金利が設定されることが多い。

6 貸出スタンス

（1）貸出スタンスの区分と与信審査方針のイメージ

貸出スタンスは、例えば、下記の表に記載したように5つに区分することができます。

▶ 貸出スタンス区分と与信審査方針のイメージの例

貸出スタンス区分	与信審査方針のイメージ
A. 積極推進方針先	・条件付きで過去ピーク以上のプロパー貸出可
B. 推進方針先	・プロパー貸出の上限は過去ピーク
C. 現状維持方針先	・プロパー貸出の上限は過去ピークの残高までで、それ以上は信用保証協会保証付貸出に限定
D. 消極方針先	・新規のプロパー貸出は短期、少額に限定、それ以外は信用保証協会保証付貸出に限定
E. 取引解消方針先	・新規貸出不可

（2）貸出スタンス区分と貸出金利設定のイメージ

貸出スタンス別の貸出金利設定のイメージは、例えば、下記の表に記載したようになります。

▶ 貸出スタンス区分と貸出金利設定のイメージの例

貸出スタンス	貸出金利設定のイメージ
A. 積極推進方針先	・貸出金利ガイドライン未満の設定可
B. 推進方針先	・原則として、貸出金利ガイドラインの通り
C. 現状維持方針先	・貸出金利ガイドライン厳守
D. 消極方針先	・貸出金利ガイドライン以上
E. 取引解消方針先	・同上

（3）貸出スタンスと債務者区分及び信用格付の基本的な関係

　貸出スタンスは、債務者区分及び信用格付に基づく区分を基本として決定されるため、貸出スタンス別の基本的な対象先は下記の表のように、債務者区分及び信用格付により分類することができます。

　なお、総合取引採算の状況も貸出スタンスに影響を与える要素となるため、例えば、信用格付が最高位であっても総合取引採算が低採算の場合は、積極取引方針とするかどうかについて検討する必要があります。

貸出スタンスと債務者区分及び信用格付に基づく対象先の例

貸出スタンス区分	債務者区分及び信用格付に基づく対象先
A.積極推進方針	・正常先のうち上位格付先
B.推進方針	・正常先のうち中位格付先
C.現状維持方針	・正常先のうち下位格付先 ・要管理先以外の要注意先のうち上位格付先
D.消極方針	・要管理先以外の要注意先のうち下位格付先 ・要管理先
E.取引解消方針	・破綻懸念先、実質破綻先、破綻先

7 他社動向

　他社の貸出スタンスや貸出金利の水準に関する動向は、貸出金利を設定する場面で最も影響を受ける事項であり、金利引き上げ交渉時だけでなく、常日頃から他社の動向をつかんでおく必要があります。

　特に高格付高採算の取引先については、他社から低金利貸出の提案がなされている可能性があり、自社に対して不満を抱いていないかという点に関する確認を含めて、注意が必要です。

第 4 章

交渉の基本

> **ココだけは押さえておきたい！**
>
>
>
> このセッションは交渉の基本について学習します。交渉のスタイルについて、原則立脚型交渉のポイントを中心に学習した後で、交渉のステップについて学習します。

1 交渉のスタイル

（1）交渉スタイルの分類と金利引き上げ交渉で採用すべき交渉スタイル

　交渉のスタイルについて、「Win-Lose」か「Win-Win」か、という観点で分類した場合、下記のように「①立場駆け引き型交渉（分配型交渉：Win-Lose）」と「②原則立脚型交渉（Win-Win）」に分類できます。

　金利引き上げ交渉の場合、金利だけに着目すると単純な価格交渉と同様「立場駆け引き型交渉（分配型交渉：Win-Lose）」になってしまい、金融機関側の交渉が成功したように見えても長期的な取引関係の継続には必ずしも有益でない可能性があります。

　また、一方的に押し切られて適正な金利水準を確保できないような事態も避ける必要があります。

　したがって、金利引き上げ交渉にあたっては「①立場駆け引き型交渉」より「②原則立脚型交渉」のスタイルで交渉を進めるメリットの方が大きいと考えます。

①立場駆け引き型交渉（分配型交渉、Win-Lose）
　特徴：競争的で、一方が得をすればもう一方は損をする。
　目的：自分の立場を相手に認めさせること、限られた資源や利益を奪い合うこと。
　例　：単純な価格交渉、単純な資源の分配など。

②原則立脚型交渉（Win-Win）
　特徴：双方が協力的で、双方の利益を一致させることや双方の利益を拡大することを目指します。
　目的：双方が満足できる結果を得ることです。
　例　：契約交渉、家庭内の問題解決、国際的な和平協定など。

（２）原則立脚型交渉術の７つの要素

　原則立脚型交渉術の基本要素は次のA～Dの４つで、E～Gの３つは後から追加された要素です。

　このA～Dの４つ基本要素を含めた12項目について、立場駆け引き型交渉との違いをまとめた表を次頁に掲載しましたが、原則として、立場駆け引き型交渉の欄に記載しているスタンスは取るべきではありません。

　金融機関の職員が、金利引き上げ交渉の場面で立場駆け引き型交渉のハード（敵対的）型戦略を取ることはないと思いますが、担当者の性格や取引先との力関係によっては、ソフト（友好的）型戦略をとってしまう可能性が想定されます。

　したがって、特に力の強い取引先との交渉にあたっては、事前の戦略形成の場面（※）で、役席者等を交えて交渉戦略を十分に練って交渉に臨むべきです。
※「２．交渉に関する５つのステップ」（３）参照

A．人　　　：人と問題を分離する。
B．利　　益：条件や立場でなく利益に注目する。
C．選択肢：双方の利益に配慮した複数の選択肢を考える。
D．基　　準：客観的基準に基づく解決にこだわる。
　　　※上記４項目に関する補足説明は64頁の表参照
E．代替案：BATNA（※）を用意する。
　　　※Best Alternative to a Negotiated Agreement
　　　　（交渉による合意が成立しなかった場合の最善の代替策）
　　　　詳細は65～66頁参照

F．確　　約：コミットメントの仕方を工夫する。
　　　・こちらが何をするかを明確に示す。
　　　・相手に何をしてほしいかを明確に示す。
G．対　　話：よい伝え方（コミュニケーション）を確保する。
　　　・相手の言うことをよく聴く。
　　　・理解させるために話す。

立場駆け引き型交渉と原則立脚型交渉の比較

	立場駆け引き型交渉		短期金利誘導目標等
	ソフト(友好的)型戦略	ハード(敵対的)型戦略	
基本	合意を目指す	勝利を目指す	一緒に効果的かつ友好的かつ効率的に優れた合意に至ることを目指す
人	関係を強化するために譲歩する	関係を維持する条件として譲歩を迫る	A．人と問題を分離する
	人にも問題にもソフトに当たる	人にも問題にもハードに当たる	人に対してはソフト問題にハードに当たる
	相手を信用する	相手を信用しない	「信用する・しない」にとらわれずに話を進める
利益	自分側の条件を柔軟に変える	自分側の条件固執する	B．条件や立場でなく利益に注目する
	提案する	脅す	背後のさまざまな利益を明らかにする
	合意の最低ラインを伝える	合意の最低ラインをごまかす	合意の最低ラインを決めない
選択肢	偏った利益配分に甘んじる	偏った利益配分を強要する	C．双方の利益に配慮した複数の選択肢を考える
	相手に受け入れてもらえる単独の結論を探す	自分が受け入れられる単独の結論を探す	まず複数のアイデアを出し、後で判断する
基準	合意に固執する	自分の立場に固執する	D．客観的基準に基づく解決にこだわる
	意志のぶつかり合いを避ける	意志をぶつけ合いで勝とうとする	双方の意志の影響を受けない基準で合意を目指す
	圧力に屈する	圧力をかける	理を説き、相手の理に耳を傾ける。圧力に屈せず、原則に基づいて交渉を進める

出所：『ハーバード流交渉術 必ず「望む結果」を引き出せる!』(三笠書房)を基に筆者作成

（3）原則立脚型交渉に関する補足説明

①細分類

（1）で説明した原則立脚型交渉を、自分と交渉相手の利益の合計額の観点で分類した場合、「A．利益交換型交渉」と「B．創造的問題解決型交渉」に分類できます。

A．利益交換型交渉
　a．特徴
　　双方が協力的で、双方の利益を一致させることを目指します。
　b．目的
　　自分が重要な条件を引き出す一方で、相手にとっては重要でない条件を譲ることです。
　c．一般企業の例
　　売り手が価格を少し下げる代わりに、買い手が即時の現金支払いを求める交渉。
　d．金利引き上げ交渉の例
　　金利を引き上げる一方で、販売先を紹介する。

B．創造的問題解決型交渉
　a．特徴
　　お互いが協力して双方の利益（パイ）を拡大することを目指します。
　b．目的
　　直面している交渉のテーマを直接的な方法で解決するのではなく、新しい解決策を創造して、双方の利益を拡大することです。
　c．一般企業の例
　　企業間の連携や共同事業で全体の利益を高めること。
　d．金利引き上げ交渉の例
　　業績が低迷している取引先に対して、金利を引き上げる一方で、返済方法を緩和するとともに経営コンサルティングを実施して、業況改善後に緩和した返済方法を正常化させる。
　※金利引き上げ交渉に関する例は第6章「4．取引先の要望確認後の準備①（2）対応策の検討」参照

②用語の説明
A．BATNA（Best Alternative to a Negotiated Agreement）
　　日本語に訳すと「交渉による合意が成立しなかった場合の最善の代替策」

であり、金利引き上げ交渉の場合、金融機関側には、前頁に記載した経営コンサルティングの実施を絡めた手法等がありますが、逆に取引先には「他の金融機関への借り換え」という強力な代替案が用意されている可能性があります。

この場合「他の金融機関へ借り換えする」ことに関する取引先のメリットとデメリットの差分が金利引き上げの限界ポイントになる場合が考えられます。

上記の場合、取引先にとっての金利差のメリットは、数値化できますが、デメリットの内容は借入先の変さらに伴う事務コストに加えて、過去からのリレーションの切断や風評など数値化できない側面や現時点の金利以外の対応に関する評価の問題も関係するので、見極めが難しい側面もあります。

ただし、取引先にとっての金利差のメリットは実際に計算してみると下図（ZOPA の例）のようにそれほど影響がある金額ではないとも考えられるので、このような視点も含めて交渉の戦略を検討する必要があります。

B．ZOPA（Zone Of Possible Agreement）

日本語に訳すと「合意可能領域」であり、一般的な交渉の場面では、売り手には売却しても損が出ない下限の価格（売り手の留保価値）があり、買い手にはそれ以上高いと利益が出ない上限の価格（買い手の留保価値）があって、その中間の価格帯がZOPA「合意可能領域」であり、例えば、下図のように100万円から120万円の間になります。

これを金利引き上げ交渉にあてはめると、例えば、貸出金額が100百万円の場合、下図の下段のようになります。

▶ ZOPA（合意可能領域）の例

2 交渉に関する5つのステップ

(1) 情報収集

次章「6．貸出先別の事前準備（2）取引内容の確認」に記載したように、交渉の相手先である取引先に関する、取引内容（過去からの推移を含む）、財務内容、他の金融機関の動向等について最新の情報を収集する必要があります。

また、「どのような選択肢を取りうるか？」といった観点から、貸出に関する社内規定、貸出金利適用ガイドライン、貸出金利交渉に関する基本方針、貸出金利交渉に関する成功事例・失敗事例等の社内情報も確認する必要があります。

(2) 情報分析

収集した情報を分析して、取引先の強み、弱点、現在直面していると思われる課題等を洗い出します。このステップは基本的には担当者が行う内容ですが、必要に応じて、役席者等の意見も参考にするとよいでしょう。

(3) 戦略形成

①ブレーンストーミングの実施

戦略を形成するための大事なプロセスとして、ブレーンストーミングがあげられます。

ブレーンストーミングは複数の参加者で実施するイメージが強く、貸出金利交渉は1人で実施するケースが多いので、違和感があるかもしれませんが、交渉を1人で実施する場合でも、担当者が自分で思いついたアイデアを複数並べて比較することで自分の考えを整理することができます。

また、ブレーンストーミングを複数名で実施する場合は、（1）情報収集、（2）情報分析の結果をまとめた資料を参加者全員に共有し、同じ土俵でアイデアを出し合うことが望まれます。

なお、ブレーンストーミングは、新しいアイデアを導いた上で、最適なアイデアにたどり着くこと目的としているので、以下の内容をブレーンストーミングの冒頭で宣言するとよいでしょう。

　　a．「悪いアイデア」や「ばかげた質問」は存在しないこと。
　　b．自論、先入観や組織上の上下関係を捨てた上で参加すべきこと。

②交渉相手の交渉スタイルや戦略の予想

　交渉のスタイルには、前項で説明したように「①立場駆け引き型交渉」と「②原則立脚型交渉」があり、金融機関側は、原則として「②原則立脚型交渉」のスタイルで対応したほうがよいと考えますが、取引先は「①立場駆け引き型交渉」のスタイルで対応してくる可能性があります。

　さらに、「①立場駆け引き型交渉」には「ソフト（友好的）型戦略」と「ハード（敵対的）型戦略」があり、取引先がどのようなスタイル、どのような戦略で対応してくるかを想定した上で金融機関側の戦略を形成する必要があります。

　特に取引先が「ハード（敵対的）型戦略」で対応してくることが予想される場合は、そのペースに巻き込まれないための対策もあらかじめ検討しておく必要があります。

　また、金融機関側が提示する条件等に対する取引先の反応をあらかじめ想定した上で、その反応に対する対応策をあらかじめ検討しておくことも大切です。

③交渉実施時の説明方法の検討

　戦略決定後、交渉の場面でどのような手順で説明するかについてもあらかじめ検討しておくとよいです。そして、担当者が交渉に慣れていない場合等は、役席者等とロールプレイングを実施しておくことも効果的です。

（4）交渉

①本題開始前

　交渉は対決ではないので、フレンドリーな雰囲気を始める流れを作るためにアイスブレイク的な雑談から始めるとよいでしょう。

そして、交渉の主導権を握るためには、先に本題を切り出したほうがよいのですが、雑談であっても、取引先の話は最後までしっかりと聞く必要があります。そうしないと、「しっかりと話を聞いてくれない」といった印象になりかねず、本題の交渉にマイナスに作用する可能性があるためです。

②目的、結論、理由等の説明

本題に入ってからは、こちらから先に、どういった立場を取り、何を目指しているかについて説明します。説明の手順としては、次の手順が相手に伝わりやすいと思います。

A．目的：何の話をするのか
B．結論：どういう結論なのか
C．理由：なぜそういう結論になるのか
D．結論の確認：だからその結論になる

なお、理由の説明については、事前に準備したデータ等を示して納得感を高めると効果的です。

③取引先との質疑応答等

取引先から質問に対しては丁寧に回答する必要がありますが、交渉中の対話のスタイルとしては、取引先の話をおうかがいすることを中心に据えて、その話に対して質問を加えるスタイルをおすすめします。

そうすることで、新たな情報を取得できる可能性や、よりよい解決策を導くためのヒントを発見できる可能性があります。また、自分が理解している内容が正しいか質問することも、ちゃんと話を聞いていることを示す効果があり、信頼性が高まってさらに何か新しい情報を取得できる可能性があります。

(5) 合意形成のプロセス

①粘り強い交渉

前記（1）〜（4）までのプロセスを経て合意の形成に進むわけですが、複数回の交渉が必要となることも想定されます。その場合は、前記（1）〜（4）ま

でのプロセスを複数回、回す必要があります。

　どこまで時間をかける問題か？といった論点もありますが、某鉄鋼会社と某自動車会社との某案件の交渉は20数回の交渉を経て合意に至ったようなエピソードもあり、粘り強い交渉が必要なケースも考えられます。

②データの提示方法

　データの示し方としては、ケース別の数値を明示して比較すると説得力があることに加えて、説明もしやすいと思います。

　また、例えば、交渉前の取引条件より取引先の負担が重くなる場合でも、交渉開始当初こちらから提示した条件を譲歩する場合などは、交渉開始当初の条件との差異を明示することによって、「自分は損をしていない」と思っていただけることも考えられます。

第5章 マネジメントサイクルの活用と事前準備

ココだけは押さえておきたい！

　このセッションはマネジメントサイクルの活用と事前準備について学習します。金利交渉について、PDCAサイクルの活用、PDCAの各段階で実施する事項および留意事項ならびに金利交渉の事前準備として貸出先別に実施しておくべき事項等について学習します。

1 マネジメントサイクルの活用

　金利引き上げ交渉の実効性を高めるためには、マネジメントサイクルの手法を活用することが効果的です。下図は、経営計画を貸出先別金利引き上げ交渉計画までブレイクダウンするフロートと代表的なマネジメントサイクルの手法であるPDCA「計画（Plan）、実行（DO）、評価（Check）、改善（Action）」（以下、「PDCA」という）サイクルの活用を念頭に置いた概念図であり、本章ではPDCAサイクルを活用して実施すべき事項や留意事項等のポイントについて説明します。

▶ 経営計画から貸出先別金利引き上げ交渉計画までのブレイクダウンとPDCAサイクルの概念図

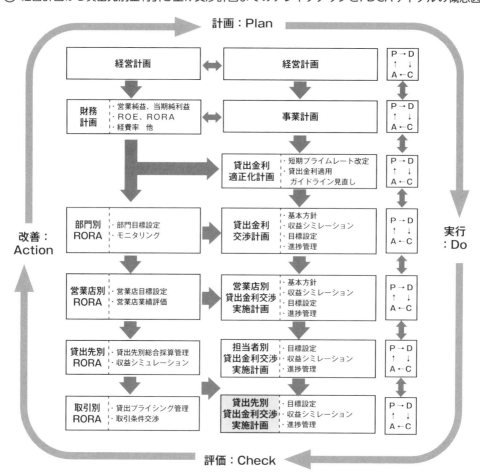

〈PDCAサイクル活用の意義〉

　金利引き上げ交渉の実効性を高めるためには、マネジメントサイクルの手法を活用することが効果的であり、その代表的な手法であるPDCAサイクルは、PDCAの4つのプロセスを繰り返し行い、各段階で修正や改善を加えながら次の計画に反映させることで、持続的な業務効率化やスキルの向上をめざすためのフレームワークです。

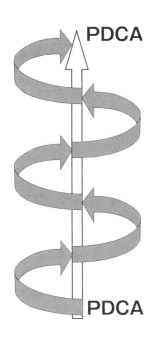

　そして、72頁の概念図に示したように、担当者個人のレベルから本部組織まで、組織全体の各階層でPDCAサイクルを回すことによって、その効果を組織全体で有機的に共有し、組織全体の持続的な成長と改善を促すことが期待されます。

　また、PDCAサイクルを効果的に回すためには、各階層とも、円というよりも左図のように螺旋を描いて上に登っていくようなイメージで、スパイラルにレベルアップさせていくことが大切です。

2　金利引き上げ交渉の計画（Plan）

（1）「計画」フェーズにおける一般的な実施事項と留意事項

A．実施事項

a．具体的な目標設定

　　計画段階で具体的で実現可能な数値目標を設定する必要があり、さらに必要に応じて、状態を言葉で表した定性目標を設定することになります。

b．計画の詳細化

　　期間とスケジュールを明確にするために、実施項目、実施順序、必要工数、実施期限、リソースの配分等を考慮して計画を立てます。

c．計画と結果との差異を把握するための仕組みの構築

　　計画の進捗状況及び目標の達成状況を確認する仕組みを構築する必要があります。

B．留意事項

a．非現実的な目標を設定しない。

　　目標が非現実的な場合、目標達成意欲の減退や目標の形骸化等のおそれがあります。

b．計画に時間をかけ過ぎない。

　　時間をかけ過ぎると実行が遅れるので、目標達成時期の遅延や成功確率低下のおそれがあります。

c．上位計画との整合性を考慮する。

　　なお、この点については、76頁の（3）Dで詳しく解説します。

d．「評価」フェーズの評価者が営業店の役席者等と担当者の場合は、可能な限り、それぞれの階層の評価者が随時確認可能な仕組みを構築する。

　上記の仕組みが無いと、進捗の遅れなどに対する「改善」の指示が遅れる可能性があります。

（2）「貸出金利適正化計画」に関する事項（営業本部等）

A．貸出金利適用ガイドラインの見直し

貸出金利適用ガイドラインが形骸化している場合などは、適用金利と収益の実績等を踏まえ、現状の実態に合わせて貸出金利適用ガイドラインを見直す必要があります。

B．短期プライムレートの変更

短期プライムレートの変更は多くの場合、日本銀行の政策金利の変更に伴う短期金融市場の金利水準の上昇を背景として実施され、まず、メガバンクが先行して変更を実施して、多くの地域金融機関は、メガバンクの変更に追随するようなタイミングで変更する場合が多いです。

しかしながら、地域金融機関の場合、メガバンク等に比して短期プライムレートや短期プライムレートに連動する新長期プライムレートを基準とした貸出の割合が多く、インパクトが大きいため、それぞれの金融機関の営業本部等は、メガバンク等に単純に追随するのではなく、それぞれの金融機関の資金調達構造や金利引き上げに伴う債務者の返済能力に与える影響等に関する与信リスク管理部署の意見等も踏まえた上で、短期プライムレートの変更について、変更の時期を含めて戦略的に決定する必要があります。

（3）「貸出金利交渉計画」に関する事項（営業本部または営業店）

A．基本方針の検討及び決定

営業本部や営業店では、例えば76頁に掲載した表a,bのような貸出金利交渉の基本方針について検討し、決定する必要があります。

B．収益シミレーションの実施及び収益計画の立案

金利の変動に伴う各金融機関全体及び各営業店別の収益額や収益性（RORA等）の変化について、シナリオ（ニュートラル※、ベスト、ワースト）別のシミレーションを実施して金利引き上げ交渉計画に即した内容の収益計画を作成する必要があります。

※妥当性や可能性が高いシナリオ

a. 貸出スタンス区分別の金利上昇期の基本方針の例

貸出スタンス区分	貸出金利の引き上げ交渉に関する基本方針の例
ⅰ. 積極推進方針先	・金利引上げはディフェンシブ(慎重な交渉スタンス) ・金利水準よりシェアやボリュームを優先
ⅱ. 推進方針先	・金利引上げはセミディフェンシブ(やや慎重な交渉スタンス) ・金利水準よりシェアやボリュームを優先
ⅲ. 現状維持方針先	・ニュートラル(中間的な交渉スタンス)
ⅳ. 消極方針先	・金利引上げはアグレッシブ(積極的な交渉スタンス)
ⅴ. 取引解消方針先	・同上

b. 既存貸出金に関する金利設定方式別の金利上昇期の基本方針の例

金利設定方式	貸出金利の引き上げ交渉に関する基本方針の例
フルスライド	・契約更改時期到来前に契約更改後の適用スプレッドの水準について個別に検討する。 ・低採算先についてスプレッドの引き上げ交渉を実施する。
随時	・契約更改時期及び利払時期の引き上げを志向する。
固定金利	・引上げ交渉不可 ・高金利の固定金利適用先については、他の金融機関からの被肩代わりに注意し、状況に応じて変動金利貸出への変更も検討する。

C. 目標の設定

　計画を立案するためには目標を設定する必要があり、72頁の概念図では階層ごとの財務目標として目標RORAが設定されている場合を想定しましたが、目標とする階層ごとの財務指標はそれぞれの金融機関の実情に合わせて設定することになります。

　また、他の目標としては、営業本部や営業店の計画の場合は、融資格付ごとの基準金利に対するスプレッドの改善率、貸出先別の貸出金利交渉実施計画の場合は、個別貸出ごとの金利の水準や行動計画としての交渉完了予定日などが考えられます。

D. 上位計画と下位計画の有機的な結合の重要性

　金利引き上げ交渉に関する直接的な計画としては、金利引き上げ交渉に関する貸出先別の金利引き上げ交渉実施計画を作成すればよいのですが、各種計

画は上位計画に即して作成する必要があります。上位計画に即して作成する理由は、上位計画と下位計画の方向性、レベル感やスピード感等に離齬が生じると、全体としての整合性が取れず、有機的に結合することができなくなって、よい結果が生れないためです。

したがって、下位の階層が上位計画に即して下位計画を立案できるようにするためには、下位の階層に対して上位計画を十分に周知することが必要なので、下位の階層に対していつどのように周知するか、といった点も計画すべき項目の1つです。

特に、担当者別の計画の立案に関しては、営業店の役席者等が配下の職員に対して、営業店の方針を含む貸出金利交渉計画の全体像を十分に周知した上で、担当者別の貸出金利交渉実施計画を作成するよう指示し、適切な計画になっているか検証する必要があります。

また、貸出先別貸出金利交渉計画と担当者別貸出金利交渉計画については、どちらも担当者が作成する計画なので、方向性、レベル感やスピード感に離齬が生じる可能性は比較的低いのですが、数値目標については、担当している貸出先別の合計が当該担当の計数と一致しないことはあり得るので、この点は、担当者自身のみならず、役席者等による検証も必要です。

E. 進捗状況及び目標達成状況を管理する方法の考案

PDCAサイクルの活用において進捗管理は非常に重要な要素であり、74頁で解説した「c. 計画と結果との差異を把握するための仕組みの構築」について、方法を考案する必要があります。

金利引き上げ交渉の進捗を管理する方法は様々な方法が考えられますが、例えば、次のような方法で進捗を管理するための一覧表（下記「進捗状況及び目標達成状況管理表の例」78頁参照）を作成して役席者等が進捗を管理する方法が考えられます。

① 一定の残高以上の全貸出先について取引先名、取引先番号、貸出金平残、貸出金利回り（加重平均貸出金利）やその他の必要事項を抽出した表を作成する。

② 前記①で作成した表に担当者の入力項目として金利引き上げ交渉の要否、交渉開始予定日、交渉開始日、目標貸出金利回り（加重平均貸出金利）、目

標取引先別RORA、進捗状況、交渉完了予定日、交渉完了日、交渉後貸出金利回り（加重平均貸出金利）、交渉後取引先別RORA、特記事項等を加えた「貸出金利交渉進捗状況及び目標達成状況管理表」等を作成する。
③前記②で作成した管理表の様式を担当者に提供して、進捗に合わせて入力事項を更新する仕組みを構築する。
④担当者が自らの担当先との金利引き上げ交渉の進捗状況を記録することで、自らのPDCAの実行に活用する。
⑤役席者等は配下の担当者の進捗状況を管理して適宜指導するとともに、配下の職員の成功事例及び成功要因ならびに失敗事例及び失敗要因を営業店内で共有して、営業店全体の金利引き上げ交渉スキルの向上に役立てる。

▶「貸出金利交渉進捗状況及び目標達成状況管理表」の例

取引先名	取引先番号	貸出金平残	貸出金利回り	金利交渉の要否	交渉開始予定日	交渉開始日	目標貸出金利回り
A社							
B社							

目標取引先別RORA	進捗状況	交渉完了予定日	交渉完了日	交渉後貸出金利回り	交渉後取引先別RORA	特記事項

F．想定Q&Aの作成

　金利上昇局面を経験していない担当者が多いため、金利引き上げ交渉の場面で取引先からどのような質問が出てくることが想定され、それに対してどのように回答すればよいのかよくわからない担当者や認識が誤っている担当者がいる可能性があるので、基本的な事項等について、あらかじめ想定Q&A等を作成して周知しておくことも有効な手段です。

G. 貸出金利交渉の重要性、基本方針、営業店別金利引き上げ交渉実施計画の周知等

　貸出金利交渉の重要性、基本方針や営業店別金利引き上げ交渉の実施、進捗状況及び目標達成状況管理表の活用等については、各営業店の担当者に十分に理解されるよう周知、徹底する必要があり、書面による周知だけでなく、営業店別の説明会、勉強会やロールプレイイング等により、計画の実効性を高める必要があります。

3 金利引き上げ交渉の実行(Do)

(1)「実行」のフェーズにおける一般的な実施事項と留意事項

A．実施事項

a．「計画」をタスクレベルに分解して「実行」に移す。

b．目標に対する結果を記録する。

c．必要に応じて、目標以外のデータや活動内容を記録する。

B．留意事項

a．計画にこだわり過ぎない。

基本的には計画に従って実行すべきですが、計画の前提としての現状認識が違っている可能性や実行する中で効率的な実行方法を発見する可能性等が考えられるので、そのような場面では早期に「検証」して、必要に応じて当初計画した「実行」の内容を「改善」して再度実行すべきです。

b．失敗した事項等も記録する。

成功したことだけ記録して、計画通りに進まなかったことや実際にやってみる中で生じた課題などを記録しないと、計画と現状のギャップを把握することができず、改善に役立てることができません。

(2)金利引き上げ交渉で実施するタスク

取引先別の金利引き上げ交渉を実行するための具体的な方法等については、第6章で解説しますが、81頁の表で解説する事項等を丁寧に実行する必要があります。

▶ 金利引き上げ交渉で実行するタスク

A. 取引先への説明
①金利動向等
③銀行取引約定書等に関する契約内容
③銀行取引約定書等に関する契約内容
④取引スタンス(積極対応先の場合等)
B. 取引先からヒアリングする内容
①金利動向に関する認識
②他の金融機関の動向
③資金ニーズ及び資金繰りの状況
④財務内容の変動
⑤取引先からの要請の内容
⑥取引先からの要請の背景
⑦決定権者
C.取引先からの要請受付後の交渉の準備
①要請の真因探求
②対応策の検討
③対応方針の決定
D.条件交渉
①条件の提示
②反応の確認
③合意の形成

4 金利引き上げ交渉の評価(Check)

(1)「評価」フェーズにおける一般的な実施事項と留意事項

A. 実施事項
a. 計画した内容の進捗状況を確認する。
b. 計画における目標と実行した結果との乖離の状況を確認して、成功した点や失敗した点を特定する。
c. 成功要因及び失敗要因を分析して組織内で共有する。
d. 計画の妥当性を評価する。

B. 実施事項の補足説明
a. 成功した点や失敗した点を特定することは、強みや弱みの発見につながります。
b. 目標と結果との乖離を分析する際、目標を達成したかどうかの確認だけでなく、「なぜそうなったか」という理由をしっかり分析して成功の要因や失敗の要因を把握することが必要です。
c. 成功の要因や失敗の要因の分析に際して、「実行」フェーズで発生した問題や環境等の変化を確認し、仮説やアイデアの妥当性を検証すること等も有効な手段であり、成功の要因や失敗の要因を分析することで、問題解決や改善策のヒントを得ることができます。
d. 成功要因及び失敗要因を分析した結果を担当者個人あるいは営業店独自のノウハウとするのではなく、組織全体のノウハウとして蓄積することにより、組織全体のレベルが向上します。

C. 留意事項
a. 進捗が遅延した状況が続くと改善が手遅れになる可能性があるので、随時及び定期的な確認が必要です。
b. 主観に基づく評価は人によって捉え方が異なるため、データを用いたり、外部の視点を取り入れたりして、客観的かつ適切な分析ができるようにする必要があります。

（2）「担当者別」及び「貸出先別」の貸出金利交渉実施計画の実行に対する「評価」

A．評価の仕組み

a．主な評価対象項目

「貸出金利交渉対象先管理表」等に入力された進捗状況や交渉結果等

b．評価者

計画立案者である担当者と営業店の役席者等の双方が評価者として想定されます。

B．留意事項

a．評価を担当者に任せきりにしない。

特に進捗の遅延は役席者等から牽制しないと、遅れを解消できない状態が続く可能性が高いので注意が必要です。

5 金利引き上げ交渉の改善（Action）

（1）「改善」フェーズにおける一般的な実施事項と留意事項

A．実施事項

a．改善案の検討

　「評価」フェーズの分析結果を基に改善すべき事項を特定します。

b．優先度の設定

　特定した改善すべき事項について検討した改善案に優先度を設定して、次の計画に反映させます。

B．留意事項等

a．「評価」及び「改善」を十分に実施していない事項について、計画を変更したり、次の計画に反映させたりしない。

　目標と実績の乖離が大きくても、その要因を分析して適切な改善案を検討しなければ、改善につながりません。

（2）「担当者別」及び「貸出先別」の貸出金利交渉実施計画に対する評価を踏まえた「改善」

A．交渉完了前の案件

a．改善案の検討

　何らかの事情で交渉が進んでいない場合は、役席者等は必要に応じて原因となっている問題を解決するための改善策について、担当者とともに検討する必要があります。

b．優先度の設定

　特定した改善すべき事項について検討した改善案に優先度を設定して、目標や交渉方法を変更します。

B．交渉完了後の案件

a．再交渉の検討

金利引き上げ交渉が目標とする金利水準や目標 RORA の水準より低い
　水準で完了した取引先等について、再交渉するかどうか検討します。
b．優先度の設定
　　　特定した再交渉先に優先度を設定して、再交渉の実施計画に反映させま
　す。

6　貸出先別の事前準備

(1)「貸出金利交渉進捗状況及び目標達成状況管理表」等の作成と対応方針検討の順番

①「貸出金利交渉進捗状況及び目標達成状況管理表」等の作成

　貸出先の担当者は、担当の貸出先について「貸出金利交渉進捗状況及び目標達成状況管理表」等に必要事項を記載して管理表を作成する必要があります。

②対応方針を検討する貸出先の順番

　各営業店の金利引き上げ交渉に関する基本方針に従って取引先別の対応方針を検討するにあたって、まずは、取引先別の各担当者が取引内容を確認することになりますが、この際、通常は、各営業店の業績に対する影響度の高い取引先から順に確認することになります。また、単に融資残高の多寡や営業店の収益に関する寄与度だけでなく、他の金融機関との競合の状況や実権者の性格等に加えて、地域金融機関の場合は地域の財界への影響力等も考慮する必要があります。

(2)取引内容等の確認

①貸出先別総合採算

　貸出金利の交渉は、貸出先との総合的な取引採算を念頭に置いて実施すべきであり、貸出先別の総合採算について、目標とすべき水準との乖離の状況を確認する必要があります。

　なお、貸出先別総合採算管理の指標としては、RORA（リスクアセット対比収益率）を活用する方法が主流と思われますが、RORAを活用していない金融機関においては、リスクウェイト考慮前の資金収益率に役務収益を加味した総合取引採算など、各金融機関における貸出先別総合取引採算管理資料の内容を確認する必要があります。

②実効金利

過去の金利引き上げ交渉の場面で実効金利の水準について交渉した経緯等がある場合は、実効金利の水準が論点となる場合があるので、実効金利の状況も確認しておく必要があります。

③適用金利水準の推移並びに水準変更時等の説明及び交渉に関する事項

貸出金利の交渉は現在の状況のみを確認するのでは不十分であり、より説得力のある交渉を適切に実施するためには、以下の事項等について確認の上、過去からの経緯を踏まえて交渉を実施する必要があります。

　a．表面金利やスプレッドの推移
　b．適用金利変更等の場面でどのように説明してどのような反応だったか、どのような交渉を実施したのか
　c．交渉時の約束事の履行状況はどうか

④金銭消費貸借契約書・借入金利に関する特約書等個別約定書の内容

貸出方式、表面金利やスプレッド等については、個別の約定書等を見なくても管理資料で確認できる内容ですが、状況に応じて個別の約定書等の内容を確認する必要があります。また、金利引き上げ交渉の場面で個別の約定書等に記載されている事項を見せた上で交渉を実施した方がよい場合もあるため、このような場合は、個別の約定書等の写し等を用意する必要があります。

⑤他金融機関の対応状況及びに自社に対する貸出先の評価等

実際の金利引き上げ交渉の場面では、他金融機関の対応状況が非常に大きな要因となる可能性が高いため、他金融機関の貸出スタンス、貸出残高や貸出金利の適用状況については、決算書徴求時だけでなく、試算表徴求時など常日頃から状況の把握に努める必要があります。

また、特に高採算の優良取引先等については、既存の取引金融機関だけでなく未取引の金融機関を含めて、低金利資金の売込みがある可能性があり、自社への対応について不満を持っている可能性もあるため、貸出先が自らの金融機関をどのように評価しているかについても留意する必要があります。

⑥最新の財務内容や風評リスク

直近の決算書の内容だけでなく、最新の試算表等で財務内容の状況を確認すること、最新の金融機関取引一覧表でシェアの変動の有無等を確認することや与信判断に影響を与えるような風評リスクが発生していないことを確認する必要があります。

(3) 直接的に総合採算を改善するための、貸出金利以外の事項の検討

金利引き上げ交渉をメインテーマとしつつ、金利以外のどのような事項について、どのようなタイミングで提案することが効果的かについて、金利引き上げ交渉や取引先のニーズの状況を踏まえて、検討する必要があります。

その中で、直接的に総合採算を改善するための適用金利以外の事項としては、例えば、以下の事項等が考えられますが、いずれの場合も「優越的な地位の濫用」となるような行為は厳につつしむべきであり、金利優遇とセットで他の取引を契約するような行為も「不当な抱き合わせ販売」とみなされる恐れがあるので注意が必要です。

①資金収益に関する事項

A. 貸出金
 a. 新規貸出ニーズの発掘
 b. 短期資金から長期安定資金へのシフト
 c. 中長期変動金利貸出から中長期固定金利貸出へのシフト
 d. 他金融機関貸出金の肩代わり
 e. 自治体が実施する制度融資等の活用
 f. コベナンツ（財務制限）条項の活用

B. 預金
 a. 入出金口座の他金融機関からのシフト等による流動預金平残の積み上げ
　　※後記「C. 決済業務効率化ニーズ関連事項」に関する提案も流動預金平残積み上げの有効な手段の1つです。

 b. 定期預金等の他金融機関からのシフト

②法人役務収益等の資金収益以外の事項
　A．資金調達ニーズ関連事項
　　a．シンジケートローン、私募債やファイナンス・リース等の活用など、単純な貸出金以外の資金調達方法の提案
　　b．金利関連デリバティブ取引（金利先物、金利オプション、金利スワップ等）の提案
　B．資金運用ニーズ関連事項
　　a．自社で直接取り扱う公共債、投資信託、デリバティブ内包預金等の提案
　　b．金融商品仲介業務としての証券会社が取り扱う金融商品取引の提案
　　c．ビジネスマッチング契約先のオペレーティングリース取扱業者の紹介
　C．決済業務効率化ニーズ関連事項
　　a．ファームバンキングの活用による取引先の振込や口座振替関連書類作成の効率化等に関する提案
　　b．ファームバンキング及び金融ＥＤＩ（※）の活用等による取引先の売掛金消込業務等の経理関連業務効率化の提案
　　　※金融ＥＤＩ（Electronic Data Interchange）とは、受発注や請求などの商取引に関する情報を振込等に添付し、交換・共有する仕組みです。
　D．外国為替業務関連事項
　　a．貿易に関するコンサルティング（※）の実施等による信用状の発行、貿易金融、外貨保証等の外為与信取引や為替予約、通貨オプション等の外国為替関連収益の獲得
　　　※商社経由の間接貿易実施先に対する直接貿易の活用に関する提案等
　　b．外国為替関連ビジネスの他金融機関からのシフト
　E．Ｍ＆Ａ業務関連事項
　　a．Ｍ＆Ａ買いニーズ等への対応
　　　　顕在化した買いニーズへの対応だけでなく、潜在的なニーズの掘り起こしのための売り案件情報の提供も検討
　　b．Ｍ＆Ａ売りニーズ等への対応
　　　　顕在化した売りニーズへの対応だけでなく、事業承継に伴う売却、事業再構築のための一部の事業の売却、他社による資本参加等の潜在的な

ニーズの掘り起こしのためのヒアリングや買いニーズ情報の提供等も検討

F. 保険代理店業務関連事項
　a. 損害保険契約の見直し提案等による保険契約の獲得
　b. 役員や社員を被保険者とした保険契約等の提案
　　　※融資先募集規制やタイミング規制等に留意する必要があります。

G. 企業型確定拠出年金運営管理機関業務関連事項
　企業型確定拠出年金を導入していない取引先に対する導入の提案

H. クレジットカード業務関連事項
　a. 法人カードの発行及び活用の促進による収益の獲得
　　　ただし、金融機関本体発行ではなく金融機関の関係会社で発行している場合は、金融機関の関係会社の収益になります。
　b. 取引先をクレジットカードの加盟店とすることによるクレジットカード加盟店管理会社（アクワイアラ）からの収益の獲得

I. 経営コンサルティング業務（※）関連事項
　a. 有料経営コンサルティングの実施によるコンサルティング料の獲得
　　　（有料経営コンサルティングの仕組みがある金融機関の場合）
　b. 経営コンサルティング会社の紹介による紹介料の獲得
　　　※具体的な経営コンサルティングの内容は「第7章　付加価値（経営コンサルティング）の必要性」参照

J. 有料ビジネスマッチング関連事項
　取引先の本業支援のための販売先の紹介に伴う紹介料等の獲得

③関連取引による総合採算の改善

A. 取引先の関連会社
　取引先が関連会社を保有している場合は、関連会社との取引を含めて前記①②で解説した事項等に関する総合的な取引採算改善策の推進

B. 取引先のオーナー、役員や社員等との個人取引
　銀行業務としての給振元受、給振受皿、投資信託、クレジットカード、住宅ローン等の個人ローンや保険代理店業務ならびに信託併営業務または信託代理店業務としての遺言信託、遺産整理業務等の個人向け商品の推進

（4）間接的に総合採算を改善するための事項の検討

　直接的に総合採算を改善させる事項でなくても、情報提供や活用の支援等が評価されて総合採算を改善するため提案等が成約する場合があり、例えば、以下の事項等が考えられます。

①公的補助金や助成金に関する情報提供や活用の支援
　A．経済産業省所管の補助金
　　ａ．中小企業庁所管の補助金
　　　　「事業再構築補助金」、「ものづくり補助金」、「IT 導入補助金」、「事業承継・引継ぎ補助金」等
　　ｂ．資源エネルギー庁所管の補助金
　　　　「省エネルギー投資促進に向けた支援補助金」、「省エネルギー設備投資に係る利子補給金助成事業費補助金」、「中小企業等に対するエネルギー利用最適化推進事業費補助金」等
　B．厚生労働省所管の助成金
　　　　「働き方改革推進支援助成金」、「業務改善助成金」、「高度安全機械等導入支援補助金」等
　C．地方自治体所管の補助金等

②無料経営コンサルティングの実施
　内容次第で評価される可能性があります。具体的な経営コンサルティングの内容は「第7章　付加価値（経営コンサルティング）の必要性」を参照してください。

③ビジネスマッチングの実施
　ａ．取引先の本業支援のための販売先の紹介は成約しなくても評価される可能性があります。
　ｂ．取引先にとって有益な仕入先等を紹介した場合、評価される可能性があります。

(5) その他の交渉すべき事項の検討

　担保の設定、瑕疵担保の正常化、情報開示レベルの引き上げ等も状況によって、交渉を検討すべき事項です。

(6) 既存貸出金に関する金利引き上げ交渉のタイミングの検討

①地ならし
　常日頃から金利動向に関する話題を提供するなど、金利に関心を持っていただく必要があります。

②契約や極度の更改時期
　運転資金の契約や極度の更改時期は、常日頃から期日管理を実施している事項であり、オーソドックスな金利引き上げ交渉のタイミングですが、金利引き上げ交渉期間を想定して早目にアクションを起こす必要があります。

　なお、スプレッドの引き上げ交渉をする場合に長目の交渉期間を想定する必要があるだけでなく、取引先によっては、金融機関に対してスプレッドの引き下げ要請をしてくる事も想定して、早目の交渉を実施する必要があります。

(7) 対応方針の検討、決定

　貸出金利交渉のゴールは目標とすべき総合取引採算の水準を確保することですが、貸出先別の対応方針を検討するための基本的な手順としては以下のステップが考えられます。

①第1ステップ（貸出金の適用金利に関する対応方針の検討）
　初めに検討すべき事項は、適用金利そのものに関する対応方針であり、以下の事項等を念頭に置いて検討する必要があります。
　A. 貸出金利適用ガイドライン
　B. 目標とすべき貸出金利の水準

C. 目標とすべき総合取引採算の水準

　　D. 上記A～Cに関する現状との乖離の状況

　　E. 総合取引採算損益分岐点の貸出金利水準

　　F. 他の金融機関の動向

　　G. 第1ステップに関するシナリオ（ニュートラル※、ベスト、ワースト）別の
　　　　等の総合取引採算の水準
　　　　※妥当性や可能性が高いシナリオ

②第2ステップ（直接的に総合採算を改善するための事項に関する対応方針の検討）

　次に検討すべき事項は、前記「（3）直接的に総合採算を改善するための貸出金利以外の事項」に関する対応方針であり、以下の事項等を念頭に置いて検討する必要があります。

　　A. 目標とすべき総合取引採算の水準

　　B. 前記（3）に記載したそれぞれの事項に関する成約の可能性はどの程度か

　　C. どの事項について交渉することが効果的か

　　D. どのタイミングで交渉することが効果的か

　　E. 2ndステップ単独のシナリオ（ニュートラル、ベスト、ワースト）別のRORA等の総合取引採算の水準

　　F. 第1ステップ及び第2ステップの総合的な組み合わせに関するシナリオ（ニュートラル、ベスト、ワースト）別のRORA等の総合取引採算の水準

③第3ステップ（間接的に総合採算を改善するための事項及びその他の交渉すべき事項に関する対応方針の検討）

　3番目に検討すべき事項は、前記「（4）間接的に総合採算を改善するための貸出金利以外の事項」及び「（5）その他の交渉すべき事項」に関する対応方針であり、以下の事項等を念頭に置いて検討する必要があります。

　　A. 前記（4）及び（5）に記載したそれぞれの事項に関する成約の可能性はどの程度か

　　B. どの事項について交渉することが効果的か

　　C. どのタイミングで交渉することが効果的か

　　D. 第3ステップに関するシナリオ（ニュートラル、ベスト、ワースト）

④第4ステップ（対応方針の決定）

　前記①～③について担当者が検討した内容を、必要に応じて役席者等に相談のうえ方針を決定します。

第6章

金利引き上げの際の具体的な交渉方法・内容等

ココだけは押さえておきたい！

　このセッションは取引先との金利引き上げ交渉を行う際の具体的な数字の提示について考えます。金利引き上げ交渉を行う際のプロセスや取引スタンスの異なる先への個別具体的な交渉方法について確認します。

1 金利引き上げ交渉を行う際のポイントの整理

（1）金利引き上げ交渉の実態等

　実際に、取引先と金利引き上げ交渉をされる職員の年齢層は20歳代～40歳代前半かと思われます。この世代の方は、以下の理由より、貸出金の金利引き上げ交渉はあまり経験されていないのではないでしょうか。

◆長らく続いた低金利環境の影響
　長期間、低金利の環境が続いてきました。このような状況では、取引先との金利交渉する必要性も低く、その経験も少なかったことと推察します。

◆取引先も金利の上昇局面の経験がない
　これまで、取引先も金利の上昇局面に直面したことがないため、どの金融機関からも金利引き上げ交渉をされたことがなく、日頃の話題にならなかったことと推察します。

◆金融機関の事情
　貸出金を獲得するため、多くの金融機関は採算ギリギリの水準で適用金利を決めていたことと推察します。その結果、大きな差がつかず、取引先との交渉に及ぶことが少なかったのではないでしょうか。

（2）金利引き上げ交渉もビジネスのワンシーン

　取引先との金利引き上げ交渉を行う場合、少々大げさかもしれませんが、間違った交渉をするとこれまで築き上げてきた信頼関係を壊してしまい、他の金融機関への借換え等による取引の解消にも発展しかねません。
　金利の引き上げ交渉は、金融機関と取引先の双方にとってこれまであまり経験したことのないものです。「どのように進めていけばよいのだろう？」といった悩み・不安を感じる方は多いのではないでしょうか。

残念ながら、金利引き上げ交渉に際して「こうすれば絶対大丈夫」という万能薬は存在しないと筆者は考えます。では、どのようにすればよいのでしょうか。

大きな視点で、俯瞰的に捉えれば、金利の引き上げ交渉もビジネスのワンシーンであると考えることができます。「取引先と金融機関が計画された目標を達成するために、お互いの意見や要求を議論して双方が合意する」ことが重要です。

このような視点を鑑みると、金融機関はこれまで取引先との難易度の高い交渉を数多く実施していて、その中から成功した事例・失敗した事例などを振り返り、役立てることは有効な手段であるといえます。

（3）交渉を行う前に心がけたいこと

一般的に交渉を行う前に心がけたいことを整理します。

◆取引先と円滑で良好なコミュニケーション・リレーションの構築

良好なコミュニケーション・リレーションの構築は、ビジネスにおける「一丁目一番地」です。「日頃から頻繁に訪問しているから大丈夫」と考えている職員の方もいらっしゃるかもしれませんが、取引先も同じ考えでしょうか。

金利引き上げ交渉を行う際に、突然一方的に切り出したところで、聞いてもらえないこともあるでしょう。また、日頃から「金融市場環境の変化から、金利は変動するものである」ということや、融資以外で経営課題に関する様々なコンサルティングに関すること等の情報提供を行うことも大切です。そのため、取引先との信頼関係を強化することが重要です。

> 🔊 **声かけのPoint**
>
> 日頃、取引先から以下のように言ってもらえるような良好なコミュニケーションを構築しましょう。
> 「○○さんには良いことも悪いことも含めて何でも相談できる」
> 「困ったこと・わからないこと等あればまず○○さんに相談してみよう」

◆「勝った・負けたではない」という基本的な思考を常に忘れないこと

時には、「今回はこちらが譲歩するが、次回はそちらが譲歩する」といった交換条件付きのような結果に着地することはあるかもしれません。ただし、そのよ

うな状況が続くといずれ違和感が生じることにもなりかねません。誠実な姿勢で双方が納得できる結論を探ることが大切です。

◆事前準備を怠らないこと

「兵は試しに使え」ということわざがあります。事前の準備だけではなく、その訓練も重要であることを示しています。以下のフローで整理します。

現状の整理・把握
・双方の目標・論点の整理及び可視化
・例　金利の引き上げ幅〇％・引き上げする理由等提案の内容・交渉難航時の妥協できる範囲等

交渉相手の研究
・交渉相手をさまざまな角度から理解する
・例　取引先の業界動向・ビジネスモデル、実際の交渉相手の役職・権限・所管する業務内容・興味のあること・性格等

シミュレーション
・ディスカッション内容の想定・ロールプレイング
・例　「全面的に無理」、「引き上げ幅〇％は無理だが、その半分位なら検討できる」に対する応酬話法等

（3）交渉のポイント等

①現状の整理・把握

とても切り出しにくい話となりますが、明確に言語化し、議論することが重要です。

②交渉相手の研究

実際に交渉を行うのは人（ひと）同士です。円滑に進めるためにも事前に交渉相手を研究することが重要です。交渉が難航した時は思わぬ情報が糸口となったという経験等もあるのではないでしょうか。交渉相手については可能な限りの情報収集を行い、理解を深めておきましょう。

③シミュレーション

交渉時にはどのような話の展開となるかはやってみないことにはわかりません。あわてず、冷静に交渉を展開していくためにも応酬話法を数パターン準備しておきましょう。また、渉外業務歴が浅く、経験が浅い方はロールプレイング等を行っておくとよいでしょう。

④交渉時の心構え・姿勢

交渉は「人」対「人」で行います。誠実な姿勢であることの他、以下のような点に留意することが大切です。

◆自分自身は決して感情的にならない

交渉内容次第ではとてもむずかしいことかもしれませんが、交渉の場において冷静さを失ってしまうと良い結果はついてきません。

交渉手段として、意図的に感情的になってみせることもあるとは思いますが、「これ以上は」という一定のラインはあらかじめ決めておきましょう。実際の交渉の場では冷静な判断をできなくなることも多いのではないでしょうか。

◆相手に最大限の配慮をする

「お客様は神様です」ではないですが、失ってしまうこととなると交渉自体の意義もなくなってしまいます。ご自身が冷静さを保ちつつ、交渉相手の立場・状況を常に意識し進めていきましょう。交渉相手の反応、話し方、声のトーン及び表情を注意深く意識してください。

◆ご自身の交渉能力等を高める

各金融機関を代表して交渉に臨まれることでしょうが、同時に、交渉の場を円滑に進めていくファシリテーター的な役割も担うことになります。プロとしてしかるべき能力は身に着けていく必要があります。物事を始める際に「もう遅い」ということはありません。是非、積極的に取り組んでください。

- 適切なタイミング・共通した言葉で議論を進めるファシリテーション力
- 論理的にわかりやすく自分の意見を伝える思考と話し方
- 双方の論点を洗い出し、可視化・言語化する能力

- 適宜質問を入れ、交渉相手の頭の中の考えの整理・可視化し共有する能力

> **アイスブレイク　ファシリテーションとは**
>
> - 会議などを進める上で進行役的な立場で参加します。
> - 円滑な進行のため、参加者の意見をまとめたり、調整をしたり、時には質問をして議論を活発化させる役割を担います。決められた時間内で会議を終了させることも大切な役割です。
> - 会議の進行を進める「司会」との違いは、
>   ①「司会」は意見調整は行わない
>   ②「司会」は議論の活発化を促すことはしない
> - 基本的にはあらかじめ決められた台本通りに会議を進行する「司会」ではなく、「ファシリテーター」としての役割を担えるよう、必要とされるスキルを磨いていきましょう。

2 金利動向等

(1) 過去からの適用金利水準の推移

①表やグラフの活用

最初に、過去からの適用金利水準の推移取引先に説明する必要があります。表やグラフ等にすることでより理解しやすくなります。表示する期間は当初貸出日以降を表示するようにしましょう。

金利の引き上げ交渉は、金額・期間・保全状況がそれぞれ異なるため、貸出債権ごとにそれぞれ行うことが一般的で丁寧な説明であると考えられます。その他、よりわかりやすい表やグラフにするため、適用金利とそのベースとなるレートを記載するとよいでしょう。

②適用金利による貸出金の分類

適用金利の種類により貸出金は以下のように整理できます。下記体系はあくまでも一般的なものであり、各金融機関によって取り扱いや名称に違いがありますのでご了承ください。

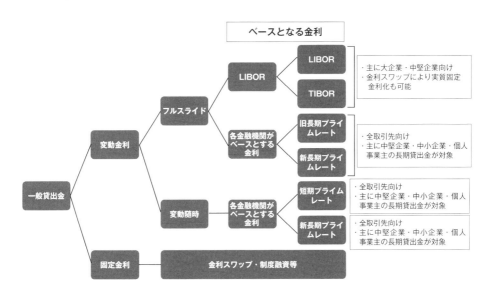

変動随時とされる金利方式についてふれておきましょう。これは、短期プライムレート・新長期プライムレートを適用金利のベースとするものの、常に連動するものではなく、取引先と金融機関の合意によって変動するか否かを決める方式です。短期の貸出金（含む業績悪化による条件変更債権）等で適用されることが多いです。

③表やグラフに記載する内容等

変動金利の場合は変動のベースとなる金利の推移も調べておきましょう。具体的には市場金利（LIBOR・TIBOR）長期プライムレート（旧長プラ）、短期プライムレート・新長期プライムレート等です。

最近では、「旧長プラ」と呼ばれる長期プライムレートを事業性の資金に対する融資である一般貸出金の分野で適用するケースは少ないようです。住宅ローン等の消費者ローンで適用されるケースがあります。新規の融資では少なく、従来からの住宅ローンで適用されているケースが大半であることが各金融機関の現状と推察いたします。

なお、金利の引上げ交渉において、固定金利の貸出債権は対象外とすることが金融機関の方針であれば除外してください。

以下、グラフ例を作成しました。参考にしてください。

⊙ これまでの金利推移

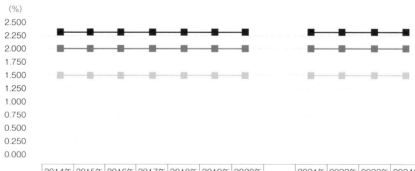

	2014年	2015年	2016年	2017年	2018年	2019年	2020年		2021年	2022年	2023年	2024年
短期プライムレート	1.475	1.475	1.475	1.475	1.475	1.475	1.475		1.475	1.475	1.475	1.475
新長期プライムレート	1.975	1.975	1.975	1.975	1.975	1.975	1.975		1.975	1.975	1.975	1.975
貸出金利	2.275	2.275	2.275	2.275	2.275	2.275	2.275		2.275	2.275	2.275	2.275

出所：日本銀行HP長・短期プライムレート（主要行）の推移　2001年以降

(2)銀行取引約定書等に関する契約内容

①当初契約内容の確認

　金利の引き上げを行うには、取引先と各金融機関双方での合意が必要ですが、口頭のみで完了するわけではありません。書面による変更契約等が必要となります。

　その前段として当初の契約内容を確認しておくことが必要です。金利に関する取り決めもさることながら、当初の貸出に関する条件等の部分について、確認・把握しておくことが重要です。

　日頃から、契約書に関しての説明は新規の貸出で十分経験しているから大丈夫とお考えになるかもしれませんが、貸出当初の契約書と現在の契約書で内容が変更となっている場合も想定できます。新規の貸出を行う場合と同様の準備をしましょう。

②丁寧な説明

　取引先に関しても、金利引き上げの交渉に関してはその経験がほとんどないことは前述の通りです。設備資金等で長期間にわたる融資の場合などは取引先にとっても詳しい契約内容をすべて記憶していることは少ないと思われます。

　加えて、変動金利であっても、ベースとなる短期プライムレートや新長期プライムレート等が変動していない場合等は、あまり気にかけることも少なく、当初の契約内容を途中で確認する機会もなかったことも想定されます。

　金利の引き上げ交渉をする際は、当初から取引先に対して丁寧な説明を行うことがとても重要となります。ベースレートに連動して適用金利が変動する場合であっても、取引先にとっては金利負担が増えることとなり、他の金融機関から、有利な条件を持ち掛けられている場合などは借換えを検討することにも発展しかねません。取引先の立場や気持ちを十分に理解し、配慮した交渉を心がけましょう。

　取引先の立場に立った丁寧な説明を行うためにも、当初の貸出に関する契約書一式の写しを取り、持参することがよいでしょう。「当初の契約書に関しては交付してあるし、返済の予定表も送ってあるからいらないのでは？」とお考になる

かもしれません。取引先の中には、その時点で「不親切」との印象を持たれる可能性も否定できません。何事も第一印象が大切と言われるところです。金利引き上げの交渉は、取引先と各金融機関の間で、信頼関係を築きながら行うことが求められます。是非とも取引先への丁寧な説明を心がけてください。

③準備が必要となる各種約定書について

◆銀行取引約定書・信用金庫取引約定書

　金利の引き上げの根拠の説明や・取り決め等を記した契約書は各金融機関によって様々だと考えますが、その名称で共通するものには銀行取引約定書・信用金庫取引約定書があげられます。これらは、顧客に初めて融資取引を行う際に取り交わす契約書であり、融資取引に関するルールが定められています。適用金利も融資取引の要件であり、このルールに従うこととなります。

　2000年4月に全国銀行協会連合会（全銀協）の「銀行取引約定書ひな型」が廃止されて以降、各金融機関では独自に作成しています。その結果、現在では統一的な銀行取引約定書は存在していません。同様に信用金庫取引約定書も各信用金庫で独自に作成しています。このため、具体的な項目の掲載される順序等はまちまちとなります。

　金利の引き上げに関する項目の掲載順序も同様です。該当する項目としては「利息・損害金等」となります。その中で、金利の引き上げ交渉が行われる場合は以下のような場合を想定しています。これらに該当した場合、「本条件を一般に行われる程度のものに変更することについて協議を求めることができるもの」としています。

〈金利の引き上げ交渉が行われる場合〉
・取引先の財務状況の変化、担保価値の増減等による保全状況に変動が生じた場合
・金融情勢の変化
・その他の相当の事由がある場合

　この他、具体的な項目に改定（電子記録債権関連、反社条項の追加等）があり、銀行取引約定書・信用金庫取引約定書を更新している場合も想定されます。事前に確認しておきましょう。

> **アイスブレイク　なぜ、全銀協は「銀行取引約定書のひな型」を廃止したの？**
>
> 　全国銀行協会連合会(全銀協)の銀行取引約定書のひな型は昭和37年(1962年)に制定され、昭和52年(1977年)に一部改定等があり、各金融機関が、共通の書式として使用してきました。しかしながら、契約書の形態として顧客のみの差入方式であったこと、および各条項で取り決められた　内容が銀行側にとって有利となると解釈でき、一方的との意見が高まりました。
> 　これらの背景もあり、全銀協では平成12年(2000年)に「銀行取引約定書のひな型」を廃止することとなりました。
> 　このため、各銀行では独自に銀行取引約定書を作成することとなりました。現在では、HP等で掲載を行っている銀行もあります。

◆金銭消費貸借契約書等の個別約定書

　各金融機関が取引先に貸出を行う際の個別の約定書に適用金利に関する具体的な項目の記載があります。これは、銀行取引約定書・信用金庫取引約定書には、個別の貸出に関する諸条件を記載しないためです。

　金銭消費貸借契約書等の個別約定書は、貸出の形式により当座貸越約定書等となる場合も想定されます。金利交渉の貸出ごとの契約書を準備しましょう。

　なお、各金融機関使用欄や担当者印・役職者印等に関しては黒塗りする等して、開示しないことについては差し支えないと考えます。そのような場合には、説明にさきがけて、その旨を一言申し添える等するとよいでしょう。

　短期間の貸出の場合には約束手形による手形貸付の場合もあるでしょう。各金融機関で用意する借入専用の約束手形を使用するケースが一般的です。また、約束手形には、適用利率に関してはその記載箇所がありません。金融機関によっては、金融機関使用欄等を設け、記載するケースもあるでしょうが、上記同様に手続きすることも差し支えないと考えます。

◆借入利率に関する特約書等

　上記個別約定書の他、より詳細な適用金利に関する諸条件の取り決めをする約定書になります。具体的な記載内容は以下のような事項です。

〈具体的な記載内容〉
- 貸出金額、当初貸出日
- 既存貸出の場合は適用金利の変更となる日付等基準日

- 適用金利内容（ベースレート・スプレッド等）
- 返済方法、金利の支払い方法等

　手形貸付の場合には、手形貸付契約書や手形貸付にかかる確約書や申込書等その名称はまちまちとなりますが、上記同様適用金利に関する諸条件や分割返済に関する返済方法等を個別に定めることとしています。

> **アイスブレイク　商業手形割引の場合はどうするの？**
>
> 　商業手形割引の場合、一般的に個別の契約書を交わすことはしないことが大半です。
> 　具体的には、手形割引申込書に割引希望日や割引する手形の内容等を記載します。商業手形割引の場合は支払利息に相当する費用等は割引料と呼ばれています。割引料は各金融機関によって規定される計算方法で計算され、融資実行時に一括支払となります。
> 　具体的には、割引料(含むその他諸費用)を差し引いた金額を顧客口座に振込みます。

（3）交渉におけるスタンス

①取引スタンスのタイプ

　一般的に金融機関における取引スタンスとはその金融機関が「市場環境や経済状況に対してどのような行動を取るかといった姿勢を表すもの」とされ、一般的には以下の3つのタイプに分類されます。

- **アグレッシブ**：市場や経済状況が好転すると予想する場合には積極的な投資を行い、リスクを取ることで高いリターンを目指します。強気（Bullish）とも呼ばれます。
- **ディフェンシブ**：市場や経済状況が悪化すると予想する場合には投資を控え、リスクを最小にすることを目指します。弱気（Bearish）とも呼ばれます。
- **ニュートラル**：市場や経済状況があまり変動しないと予想する場合にはリスクとリターンのバランスを保つことを目指します。

②金利引き上げ交渉における取引スタンスの具体例

　金利の引き上げ交渉における取引スタンスは、新規貸出を伴わない既存貸出を対象とする場合もあり、若干理解しづらい点があります。積極的な交渉を行うかという点に着目して分類する方がわかりやすいかと思います。取引スタンスごとにあてはまる取引先のイメージを以下のように整理しましたので参考にしてください。なお、ニュートラルの場合については、ケースバイケースの個別対応となるため除きました。

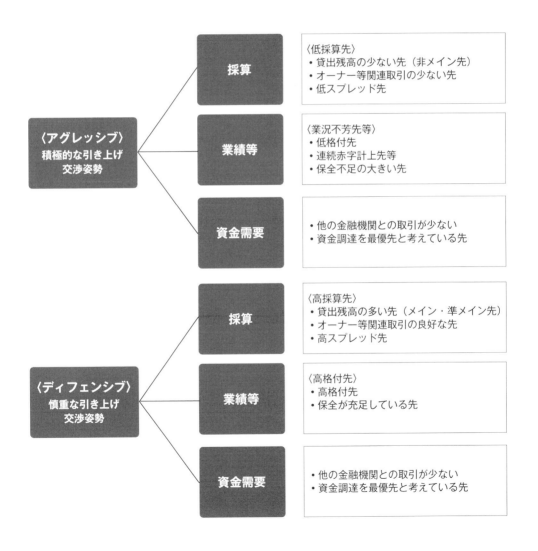

金利引き上げ交渉におけるスタンスは、以下の視点から決まってくるということがわかります。3つの要素を総合的に判断する必要があります。
- **採算**：融資取引、顧客、顧客グループ等それぞれの取引で採算はとれているか、適用金利のスプレッドは確保できているか等。
- **業績等**：業績は良好・安定推移しているのか、不芳なのか、保全はとれているのか、いないのか等といった信用面。
- **資金需要**：既存貸出の金利引き上げ交渉は厳しいが、継続的に新規の貸出が発生する可能性がある等貸出残高を増やすことができるといった取引メリット面。

　これらを指標化したものが、近年クローズアップされるRORA（Return on Risk-Weighted Assets）です。RORAは金融機関が取っているリスクに対して収益をどれだけ上げているのかを示す指標です。金利交渉においては各金融機関で重要視する項目や優先する項目は違ってくることが想定されますが、RORAは1つの目安となります。各金融機関の方針により活用してください。

③交渉スタンスを決めるための具体なヒアリング事項

　交渉スタンスは、各金融機関の方針に基づき、営業店単位で決定することが一般的であると考えます。なかには、担当者が転勤等により交代となる等の理由から疎遠となってしまっているケースもあるのではないでしょうか。正確な判断を行うためには、最新の取引先の現状把握が必要となります。
　「採算」に関しては各金融機関で把握することは可能ですが、最新の「業績等」・「資金需要」については取引先からの「ヒアリング」が重要となります。ヒアリングのポイントについては事前に整理しておくとよいでしょう。

3 ヒアリング事項

(1) 金利動向に関する認識

　日頃から訪問頻度の高い取引先であっても、これまでの環境を振り返ると金利動向に関する認識について触れる機会はあまりなかったかもしれません。また、担当者交代となってから疎遠となってしまっていることもあるかもしれません。取引スタンスを決めて、金利引き上げ交渉を行うのは各金融機関・取引先にとって共通します。取引先の金利動向に関する認識はその根底をなすものです。この点が把握できていないと、どの程度のレベル感で説明内容を準備すればよいか等の検討ができずに時間だけが経っていくことにもなりかねません。

　また、どんな交渉も相手にとってわかりやすい内容とすることが必要です。ここでいう相手とは、取引先の最初の交渉窓口となり、かつ日頃から接点を持つ経理・財務担当者の他、決定権限を持つ経営者です。対象者について以下のような事項を把握しておきましょう。

〈具体的に確認しておきたい事項〉

◆日頃あまり訪問していない、コミュニケーションが図れていない取引先
- 「よく見ている経済関連のテレビ番組等はありますか？」
- 「新聞はどの欄が気になりますか？」
- 「よく読む経済関連の雑誌はありますか？」
→ まずは相手のレベルを探ることから始めます。これらを通じて、どのくらい経済の動向に興味をお持ちか等を探って行きましょう。日頃のご訪問時から心がけてみてください。「私もその番組は拝見しました。○○の件の特集でしたね」と話題を広げていってください。これらの中から、金利動向に関する特集・記事が組まれていた場合があれば、より深くお話をうかがうようにしてください。「金利は市場動向によって変動するものである」ということを共有していきましょう。

◆訪問頻度も高く、色々な話題を切り出せる位コミュニケーションが図れている取引先
- 「株式・投資信託等の値動きは毎日気にされていますか?」
- 「個人的な資産はどのような金融商品で運用されていますか?」
- 「商売の都合で常に気にされる経済指標はどのようなものがありますか?」

→ このレベルにあるお相手は市場動向・トピックスなどに関しても適宜認識されていることでしょう。各金融機関が適用金利について交渉してくることも想定されているかもしれません。まずは「現在の金利動向に関してどのようにお考えですか?」、「この先、日銀の政策金利はどのような動きをしていくとお考えですか?」といったお話までできれるレベルにあると、お互いの理解の深まったより具体的な交渉ができると考えます。

日頃の様々な会話を通じて、取引先と金融機関の間で、コミュニケーション強化を図る中で、金利に関するリテラシーも双方が強化できるようにしていきましょう。

> **アイスブレイク　金利の引き下げの時も説明は必要だった?**
>
> 「今となっては」と思う方もいらっしゃるかもしれませんが、振り返りを兼ねてのお話です。肝心なのは「金利の変動する要因をご理解いただくこと」です。「金利はその時々の市場の動向や金融業界の状況等によって常に変動するものである」との理解を促しましょう。
> 手形貸付の更改時に前回適用金利よりも引き下げを行った経緯等はありませんか。仮に今回引上げの交渉を行いますが、金融機関の一方的な理由によるものではなく、あくまでも金利は常に変動するものであることを証明できる事実となりうるのではないでしょうか。

(2)他の金融機関の動向

金利の引き上げ交渉を行う中である意味で、一番躊躇されるところかもしれません。「自行庫だけが、金利の引上げ交渉をおこなっているのではないか?」、「交渉を機会に、借り換えを検討されてしまうのではないか?」と疑心暗鬼に陥ることとなるのではないでしょうか。

第6章 金利引き上げの際の具体的な交渉方法・内容等

　この件に関しては、既存取引金融機関にとっては同じです。メイン・準メインとなる融資シェアが上位の金融機関であっても、下位の金融機関であっても借り換えのターゲットとなり得るからです。逆に、新規参入の機会を是が非でもとうかがっていた金融機関にとっては、またとない機会になることも考えられ、戦略的な固定金利等による借り換え提案があるかもしれません。なお、金利引き上げ交渉を躊躇するあまり、出遅れると他の金融機関へ借り換えの話が決まってしまうという事態にもなりかねませんのでご注意ください。

　そして、他行動向等の情報収集に近道はありません。常日頃からのコミュニケーションがものを言うと言ってしまうと元も子もないことでしょう。ですが、遅いということはありません。以下に具体例をあげます。

〈具体的に確認しておきたい事項・会話等〉

◆入り口となる会話等
- 「最近、取引が今までなかった金融機関の訪問はありませんでしたか？」
- 「最近、貴社ご担当が変わった金融機関はありますか？いつ頃でしたか？」
- 「最近、この地域を○○金融機関のご担当が精力的に訪問されていると聞きましたが、貴社にも訪問がありましたか？」
- 「すぐそこで、貴社のお取引金融機関の○○さんとすれ違いましたよ」
- → 以上のように、まずは最近の取引先に対する金融機関の訪問状況から確認してみましょう。

◆他の金融機関の訪問が最近あった場合
- 「何か新しい商品のご案内でしたか？」
- 「新規にお借入れをお願いしたいといった内容のご提案でしたか？」
- → いきなり「金利の交渉でしたか？」と切り込むよりは、いささかマイルドな聞き方になるのではないでしょうか？このようにセールスの一環でしたかとのニュアンスで会話を切り出すことで、お相手が話しやすくなる状況を作りましょう。

◆「他の金融機関から金利の交渉があった」と回答いただけた場合
- 「そうでしたが、遅ればせながら、私どももそのお話をさせていただく方針です。ただいま、ご説明させていただく準備をしており、本日はそのためにご意向等をうかがうためお時間をいただきました。是非、他の金融機関様のお話等もお聞かせください」
→ 同様の趣旨があることは伝えましょう。一方的な情報収集は不信感にもつながりかねません。ただし、まだ十分な準備ができていない場合も想定されます。その際は、真摯な対応を心がけましょう。

◆他の金融機関の動向を確認できる場合
- 「金利の引き上げの対象となるのはすべてのお借入れですか、特定のお借入れですか？」
- 「『ベースとなる金利の引き上げに伴って、金利の引き上げをお願いしたい』といった趣旨でしたか？」
- 「個別のお借入れのスプレッド（上乗せ幅）までも見直したいとのお話でしたか？」
→ お話いただける場合には、交渉に必要となる情報はすべて収集しておきたいものです。可能な限りおうかがいするようにしてください。

> **アイスブレイク　次回の訪問予約はとても重要！**
>
> 　金利の引き上げの話は、お話しする内容が内容だけに、「できれば避けたい」、「できればしたくない」といったところです。しかしながら、情報収集だけを行い、その後の対応が遅れたり、間を空けてしまうことは、絶対にしてはいけません。信頼関係を失ってしまうことにもなります。
> 　また、次回の訪問予約を行うことで、本格的な交渉を行っていくという覚悟もできるものです。真摯な姿勢で、粘り強く取引先との交渉を行っていきましょう。

（3）資金ニーズおよび資金繰りの状況

①資金ニーズ

　金利の引き上げを行うことが、目指すところではないはずです。また、直近で

の資金ニーズの有無のヒアリングができていないと「借り入れはしたいけれど、金利が高くなるみたいだから、今回は他の金融機関さんにお願いしよう」と取引先は考えてしまうかもしれません。ビジネスチャンスを逃さないためにも、合わせて確認しましょう。そうすることで、「一方的に金利の引き上げだけを交渉してくるのではなく、こちらの事情も考えてくれている」といった金融機関と取引先での双方向の良好なコミュニケーションの強化にもつながることと考えます。こちらに関しては十分なご経験をされていることでしょうが、一般的な項目を以下に整理しました。

〈具体的な内容〉
- 調達時期：いつまでに必要ですか？
- 金額：いくらぐらい必要ですか？？
- 資金使途：何にお使いですか？設備資金ですか？運転資金ですか？
- 調達理由（投資理由）：なぜ必要なのですか？
- 調達効果（投資効果）：どのような効果がありますか？

②**資金繰りの状況**

　金利の引き上げを行えば当然のことですが、取引先にとっては支払利息負担が増えることになります。取引先の資金繰りの状況を確認しておくことも大切です。その理由は資金ニーズの確認と同様で「一方的に金利の引き上げだけを交渉してくるのではなく、こちらの事情も考えてくれている」という良好なコミュニケーションの強化につながるためです。

　訪問頻度の低い取引先はメイン・準メインではないので融資シェアは低く、貸出残高も少ないのではないでしょうか。資金繰りの状況を確認することで、運転資金のセールスにつなげることができます。こちらに関しても、十分なご経験をされていることでしょうが、資金繰り表をいただけた場合の確認すべき一般的な項目を以下に整理しました。

〈具体的な内容〉
◆収入と支出のバランス
- 資金繰りの基本です。収入＞支出の状態が正常な状態です。

◆一定期間の確認を行うこと
- キャッシュフローを確認することです。
- なかには、当該月のみ収入＜支出となる月もあるかもしれませんが、その状態が季節的な要因によるものなのかもしれません。手持ち現預金残にて対応が可能であれば差し支えないと考えられます。ただし、その状態が恒常化している場合には注意深く確認しましょう。

◆短期的な資金ニーズの有無
- 短期的な資金ニーズを見越して、必要な資金の確保ができているかを確認します。
- 買掛金・支払手形等買入債務の支出、借入金の返済に加えて、公租公課の支払についても確認しましょう。各種税金の他、各種社会保険料等が該当します。

◆長期的な資金計画
- 長期的な視点から資金計画を立て、将来的な投資や事業拡大に備えることも重要です。

◆緊急時の資金の準備
- 予期せぬ支出等に備えて、緊急時の資金を確保しておくことも大切です。

　金利の引き上げ交渉のために、資金ニーズ及び資金繰りの状況を確認したことを逆に取引先へのアドバイス等にも役立ててください。是非、ビジネスチャンスと捉えて、積極的な対応をしていきましょう。

(4) 財務内容の変動

　訪問頻度があまり高くない、もしくは当初貸出以降の追加での資金対応を行っていない取引先については、前記（3）①資金ニーズ及び②資金繰りの状況を確認していないことに加えて、財務内容に関しても同様であると考えます。
　最近の国際情勢は、予測することが難しく突発的な事象が取引先を取り巻く外

部環境として急激な変化につながることも多くなりつつあります。「年に1回は決算書をもらっているから十分」とするのではなく、毎月の試算表の提出を取引先に依頼していきましょう。

　各金融機関では、取引先から財務諸表の提出を受け、信用格付を行っていると思われます。直近決算期による信用格付が、取引先に対する金利の引き上げ交渉を行う際のスタンスを決める重要な要素となります。

　信用格付に際して、行われる過年度の財務分析と同様の視点で、試算表の提出を受け、取引先の財務内容の変動を注視していきましょう。業況悪化のアラーム等が発せられていて、貸出条件の変更といった金利交渉を含む抜本的に対応せざるを得ない状況となることも想定できます。

　各金融機関で行われる信用格付の項目はそれぞれ異なりますので、試算表の提出を受けられる場合には信用格付に準じて財務内容の変動を確認しましょう。ただし、なかには、毎月は作成していない等の理由から試算表の提出を受けられない取引先もあるかもしれませんので、財務内容の変動について以下に一般的な項目等を整理しました。ご活用ください。

〈具体的な内容〉

◆売上高の推移状況

- まずは収入となる毎月の売上高の推移です。季節要因等を除き、前年の決算書から確認できる平均月商との対比で増減する理由を確認しましょう。

◆売掛金・買掛金の推移状況

- その場では詳しくわからないと回答される場合も多いことでしょう。定期的に確認していくことでその重要性に対する取引先の理解を深めましょう。
- 新規の販売先からの売掛金回収サイトが取引先の資金繰りに影響します。その他、倒産等による回収不能懸念のある事象が発生しているかもしれません。合わせて確認するとともに是非、対応方法等のアドバイスも行ってください。

◆現預金の推移状況

- 特に改めて述べるまでもないことでしょう。
- 取引先の考える手元の現預金の水準（金額、月商比で○か月分）を確認してお

くことで、運転資金のセールスにつなげることも可能となります。

> **アイスブレイク　毎月の訪問を定例化にするには？**
>
> 　試算表の作成周期は取引先ごとに異なりますが、大体月末には前月の試算表の作成が完了します。次回の訪問予約をそのタイミングに合わせて設定するというのはいかがでしょうか。
> 　日頃の業務が忙しいことの他、何か口実がないと取引先もあってはくれないということに対する切り口としてみてください。その場で、財務分析等の視点から、取引先に役立つようなこと(改善方法)等をアドバイスすることを励行しましょう。取引先にとっても有意義な面談であることを印象付けていきましょう。

(5) 取引先の要望

①取引先の要望を把握する経緯

取引先の要望を把握する経緯には以下の2通りの場合があると考えます。

◆**各金融機関からのアプローチによる場合**

- こちらについては、取引先に先がけてアプローチをした結果によるものです。
- 事前の準備も十分であり、スケジュール感を含めて今後の交渉の流れを各金融機関の側ですすめることができる等メリットも大きいと考えます。

◆**取引先からのアプローチによる場合**

- こちらについては、ある意味出遅れ感を感じてしまうことでしょう。
- 金利引き上げ交渉は取引先・金融機関双方にとってとても重要なことです。なかには「このようなことを自分の方から切り出さないといけないのか？」、「他の取引先が大切で当社は後回しなのか？」といったことを考えてしまう取引先もあるかもしれません。
- 担当する取引先も数多いことでしょうが、可能な限り取引先に先がけたアプローチを心がけてください。

②取引先の要望の具体的内容
　ここまで確認してきた事項に加えて、交渉の方向性の根幹をなすところです。取引先の要望の具体的内容を正確に把握し、確認しましょう。
〈想定できる具体的な内容〉
・ベースレートとなる金利指標の上昇に伴う金利の引き上げは理解されているか？
・原則貸出金ごとの個別交渉となるのか？
・金利の引き上げに対する理解はあるが、その引き上げ幅に対する要請なのか？
・交渉の趣旨に理解はするが、取引継続することについてどんなメリットがあるのか？
・まったく受け入れられない。

③心がけたいこと
　特に気を付けていただきたい点として、まずは先入観等を持たれないように取引先の考えを可能な限り、すべて聞き取る覚悟で「聞き役」に徹することです。理由としては以下の点があります。

◆最初の面談時では、金利の引き上げ交渉についての本音が聞き取りやすいこと
・どのような交渉にも通じることです。いきなり切り出された話に対して細かいところに関してはわからないまでも、本質的な反応をされることが多いと考えます。

◆本音の部分が聞き取れないと後の交渉の方向性も定めづらいこと
・「自分のところも取引先に値上げ交渉をしているから仕方ない」といった感じであれば、その後についてはその水準感をお互いすり合わせる方向となる等、明確に進めていくことが可能となります。
・取引先の話の途中で、意見を述べてしまうと「これ以上は話さない方がいい」と感じてしまうことにもなりかねません。
・そのような場合には、交渉の方向性が途中で二点三点することも考えられます。他には、「十分に当社の話を聞いてくれた他の金融機関にお願いしたい」となってしまうことも考えられます。
　会議の進行時に役立つ手法に「ブレーンストーミング法」があります。この手

法ではアイデアの発散を目的とする段階においては、参加者全員が自由にアイデアを出すと同時にどんなアイデアもいったんは受入れ、批判等は行わないことをルールとします。まずは金利の引き上げに関する考え方を取引先に「発散」していただけるよう是非取り入れてください。

> **アイスブレイク　ブレーンストーミング法**
>
> 　新しいアイデアや解決策を生み出すための会議進行方法の1つです。参加者が自由に意見を出し合い、その中から最良の方向性を見つけることを目指します。
> 　1. 目標の設定：会議の目的を明確にし、具体的に問題や課題を選定します。
> 　2. 意見の発散：自由に参加者全員が意見し、批判等は行いません。
> 　3. 意見の整理：出された意見を整理し、関連するものをグループ化します。
> 　4. 意見の選出：整理された意見の中から、最も有望なものを選び出します。

(6) 取引先の要望の背景

　前記（5）②取引先が要望する具体的内容に至るには、当然のことながら、取引先にとってもそう考えざるを得なかった背景が存在することと推察できます。金利の交渉を円滑に進めるためにもその背景にある取引先の事情についての理解を示すことはとても重要になります。

　ブレーンストーミング法等を用いて、まずは取引先から意見を発散していただくよう心がけることは確認しました。しかしながら、「まったく受け入れられない」と回答された場合には、さらに深く掘り下げておく必要があります。想定できるケースを以下の通り整理しました。

〈想定できる具体的なケース〉

心情的な背景

- 契約していることは理解するが、その後の説明等が一切なかった。不親切ではないか？
- 他の金融機関より後の説明だった。他の取引先が優先していたのではないか？
- こちらから話は切り出した。他の取引先を優先していたのか？

> **条件的な背景**
- 他行からはより良い条件の提示があり、場合によっては借り換えもできる。
- 取引を継続するメリットが見えない。これまでは金利も低かったので容認してきた。金利が上がるのなら、より色々な相談ができ、提案をしてくれる金融機関と取引していきたい。

> **経営状況や業績的な背景**
- 業績が悪化しており、資金繰り等の面から先々に不安を感じている。
- 原材料の高騰や仕入価格の高騰を当社も受け入れ、取引先には交渉していない。企業努力及び自助努力はしてきたのか？

　他にも様々な背景があるかと思います。なかには、金融機関から見ても理解ができないことや、今となっては説明ができないこと等もあることと考えます。

　しかしながら、これらの背景を聞き出せたということは、少なくとも取引先からの期待感が込められていると考えることもできるのではないでしょうか。聞き出せた要望の背景を理解し、解消していくことがよりよいコミュニケーションの強化につながり、金利引き上げ交渉の方向性も明確化してくることと考えます。

（7）決定権者

　金利引上げの最終的な変更の契約書を取り交わす際は、取引先で誰が決定権を持っているかの確認は必須です。

　最終決定権限が取引先の経営者にあることは間違いないと考えます。しかしながら、なかには組織の関係上、各部門を統括する責任者の方の同意も必要としている取引先もあるかもしれません。

　ご自身に置き換えてみてください。担当部門の役職者の方へ相談しないということはしないのではないでしょうか。取引先でも同様であることを念頭に金利引上げ交渉を進めてください。

　最後に、取引先によって検討の余地はあるでしょうが、最終交渉時もしくは契約時は、基本的に金融機関の責任者の方の同席もされた方がよいでしょう。具体的には、各営業店の店長・統括責任者が該当すると考えます。

4 取引先の要望確認後の準備①

(1)要望の真因の探求

①融資シェアがメイン・準メインである場合

　前記「3.ヒアリング事項」で解説した通り、取引先からの事前の情報収集が完了したら、いよいよ実際の交渉の準備に入ります。

　第1段階として、取引先が金利引き上げ交渉を行う各金融機関に対して何を求めているのか、本音の部分を探ること、「要望の真因（本音）の探求」から検討を始めていきます。

　真因の探求には、各金融機関の取引先における融資シェアが多分に影響してくるものと推察します。メイン・準メインの地位にある金融機関には、事前ヒアリングの段階でおおむねの本音の部分が聞き出せるものと考えます。融資シェアの下位となる金融機関においては、余程日頃の訪問頻度が高く、コミュニケーションが構築されている場合を除き、本音の部分まで聞き出すのは難しいかもしれません。

▶ メインバンクについて①

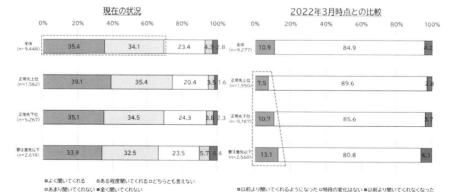

出所：金融庁「企業アンケート調査の結果　令和5年6月28日」P18

第6章 金利引き上げの際の具体的な交渉方法・内容等

　メイン・準メインの金融機関に対する取引先の本音は、真摯な姿勢で丁寧な説明がおこなわれるのであれば「金利引き上げ交渉についてはおおむね了解」といったところであると推察できます。その理由としては良好なコミュニケーションに裏付けられた「企業の経営上の課題や悩みを聞いてくれる」ところが大きな理由と推察します。

▶ メインバンクについて②

- メインバンクと「是非、取引を継続したい」、「どちらかといえば取引を継続したい」と回答した企業のうち、「金利上昇を許容できる」と回答した企業の割合は84.1%であり、「僅かでも金利が上昇するのであれば、取引を継続したくない」の割合(15.9%)を大きく上回った。
- 上昇幅としては、「0.1%〜0.25%の金利上昇なら許容できる」との回答割合(58.7%)が最も高かったが、「1.01%以上でも許容できる」との回答も4.2%あった。
- 特に、企業規模が大きい先、債務者区分が上位である先、課題共有先において、金利上昇への許容度が高かった。

Q.（現在のメインバンクと「是非、取引を継続したい」「どちらかといえば取引を継続したい」と回答した企業について）どの程度まで借入金に対する金利が上昇することを許容しますか。(単一回答)

(%)	金利上昇を許容できない 僅かでも金利が上昇するのであれば、取引を継続したくない	0.1%〜0.25%の金利上昇なら許容できる	0.26%〜0.5%の金利上昇なら許容できる	0.51%〜0.75%の金利上昇なら許容できる	0.76%〜1.00%の金利上昇なら許容できる	1.01%以上でも許容できる
全体(n=8,606)	15.9	58.7	16.2	2.4	2.4	4.2
中堅企業(n=582)	8.9	55.0	22.2	3.4	2.7	7.7
中規模企業(n=2,978)	12.7	58.1	18.9	2.8	2.9	4.5
小規模企業②(n=3,398)	17.5	60.2	14.9	1.9	2.1	3.3
小規模企業①(n=1,648)	20.9	58.3	12.2	2.3	1.9	4.4
正常先上位(n=1,471)	10.9	59.1	17.4	3.1	3.3	6.1
正常先下位(n=4,843)	16.1	58.6	17.2	2.3	2.1	3.7
要注意先以下(n=2,292)	18.9	58.8	13.4	2.3	2.4	4.3
課題共有先(n=4,198)	10.9	59.7	18.0	3.0	2.8	5.6
その他の先(n=4,304)	20.5	57.9	14.8	1.8	2.0	3.0

出所：金融庁「企業アンケート調査の結果　令和5年6月28日」P21

　金利引き上げ交渉において最大の脅威となりえるのは、外部環境における「新規参入および競合する他の金融機関との競争」であると考えられます。リスクを限定的なものとするためには、いわゆる「参入障壁」が必要となります。この「参入障壁」を高くしていくことが大切です。

〈参入障壁になり得ると考えられる事項〉
- 融資残高の多額さに裏付けられたお互いの信頼関係・明確な金融に関する支援体制
- 長年の取引からくる信頼関係・明確な金融に関する支援体制
- メイン・準メイン金融機関を変更する場合の様々な影響度が大きいこと（スイッチングコスト・風評等）

以上の理由から、メイン・準メインである金融機関の場合には一般的に諸事項のヒアリング段階でおおむね取引先の本音の部分は確認ができるものと思われます。

　しかしながら、何事にも油断は大敵です。前記参入障壁となる事項を飛び越えられる（クリアできる）資本力・提案力・コンサルティング力を持った金融機関が出現した場合はその限りではないかもしれません。

　融資シェアに甘んじることなく、真摯な姿勢で交渉を行い、今後付加価値の高い提案力を強化していくことで、取引先との良好なコミュニケーション強化を図りましょう。

②融資シェアが下位の場合

　たとえ、融資シェアが下位の金融機関であったとしても、日頃の訪問頻度が高く、コミュニケーションが構築されている場合ならば、取引先の金利引き上げ交渉に対する本音の部分まで聞き出すことができる可能性は高まるのではないでしょうか。

　また、仮に日頃の訪問頻度がそれほど高くはなかったとしても、「4．取引先からの要望の確認後の準備　（6）取引先の要望の背景」からアプローチしてみるとある程度の取引先の本音が類推できるものと考えます。

　金融庁のアンケート結果からもわかるように、取引先は取引金融機関に対して「日頃から抱える経営上の課題や悩みを聞いてくれる」ということを求めていると言えます。金利の引き上げ交渉もそれらに該当するものであり、是非「よく話を聞く」ことこそが、真因の探究につながるのではないかと考えます。

（2）対応策の検討

　要望の真因の探求ができたら、次の段階に移ります。具体的な対応策の検討を行っていきましょう。

　対応策の検討においては、聞き出せた取引先の本音について、どこまで近づけるかがポイントとなります。取引先の要望の真因については、「4．取引先からの要望の確認後の準備　（6）取引先の要望の背景」で用いた「心情面」、「条件

面」、「業績(経営状況)面」に大きく分類できると考えます。想定しうる本音の部分と有効であると考えられる対応策について整理しました。実際の交渉では、取引先ごとに個別の事由が存在してくるため、有効となる対応策についてもさまざまとなることについてご理解ください。

◆心情面
- 「これまで金利に関する説明がほとんど無かった。説明不足である」
→ 今となってはとお考えになるかもしれません。ただし、全額返済や他行への借り換えを検討している取引先ならこのようなことは言ってこないでしょう。期待の裏返しと捉えて真摯な対応・姿勢で対応しましょう。
→ 金利交渉においては、時に感情的になってしまうことも想定できます。過度に感情的になってしまった場合「もう少し冷静になれればよかったのに」と後悔することは、誰にでも経験があるのではないでしょうか?
→ 冷静さを保つためには、交渉の相手方である「人」と「問題」を切り離して考えることが有効です。交渉で最も大切で目指すところは「誰」ではなく、「何＝適用金利の引き上げ」に対してです。大変むずかしいことですが、かかる点を十分に認識し冷静な視点を維持し、真摯な交渉を心がけてください。

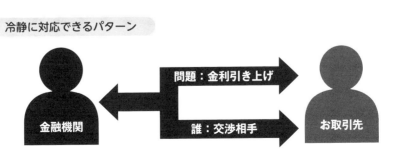

◆条件面

「金利の引き上げに理解は示す。あとは引き上げ幅の問題」

→ 取引先の本音のところは明確です。ベースレートの変更であればまずは各種契約書に規定される通りの引き上げ幅を説明し、交渉していきましょう。その後、採算面、業績面等により、引き上げ幅を個別に検討していきましょう。

→ 取引先に適用金利水準をお伝えする際には必ず「ベースレートの引上げが●ポイントなので▲%となりますので、貴社の適用金利は■%となります」とベースレートの引上げ幅と出来上がりの適用金利を明確に伝えるとともに、確認してください。せっかく金利の引き上げにご理解をいただいているのに、聞き違い等による無用のトラブル等は避けましょう。

「(業績は良好)まったく応じられない。引き上げるのであれば、借り換えを検討する」

→ 業績については良好であることを前提とします。難易度の高い交渉となります。
　金融庁の「企業アンケート調査の結果(令和5年6月28日)」によると、メイン・準メインバンクに対しても15.9%の方はこのように回答する取引先があるので、融資シェアが下位の金融機関対してはさらに多くの取引先は存在するであろうことが推察できます。

→ 「金利交渉もビジネスのワンシーンであること」及び「勝ち・負けをつけることではないこと」については確認しました。望ましい交渉のスタイルである「原則立脚型交渉」に基づいて考えてみましょう。双方の利益に立ち返り、真のニーズ・限界点を探ることで論点を複数化できないかという視点を持ちましょう。

→ 本件では論点が「金利の引き上げ」ただ1つとなっています。取引先は何に抵抗を示しているのでしょうか。「支払利息が増えてしまう」ということであれば具体的にどのくらい増えてしまうのかという金額を示すことで論点を広げてみてください。お互いの限界点を探る交渉が検討できます。「引き上げによる支払利息負担が●●円ならばやむを得ない」と打開策が見つかるかもしれません。

→ 他には借り換えによる取引先の手間・負担が増えることも論点に追加できる

と考えます。借入金が複数あり、固定金利等がある場合は変動金利の借入金のみを他の金融機関に移すことになるでしょうから入金先が増え、その管理にも手間がかかります。他にも契約書の締結に伴う印紙代・借り換えに伴う不動産担保の変更等の金額を提示し、議論してみましょう。限界点を探る有効な手段になるものと考えます。

→ 以上のような交渉方法は原則立脚型交渉のうち「利益交換型」と呼ばれます。

利益交換型の金利交渉のイメージ①

金融機関 ←金利引き上げ交渉→ お取引先

金融機関 ←真因：支払利息負担の増加─ お取引先
〈論点の追加により妥協できる水準を探る〉
・追加論点①：〇〇〇円なら許容できる。
・追加論点②：借り換えの手間・費用負担を避ける

「金利を引き上げるのであれば、これ以上取引を継続するメリットが感じられない」

→ 取引先の真因は、取引を継続することによるメリットの確保と考えられます。同様に「利益交換型」による対応策を検討してみましょう。

→ 当然のことながら安定した資金調達を掲げたいところですが、他の金融機関からのアプローチがあって、このような話に発展していることと推察できます。ここはいったん、視野を広げてみて他の金融機関ではできないような取引メリットという視点で考えてみましょう。

→ これまで積み上げてきた取引年数及び日頃の訪問や事前準備により、取引先に関する十分な情報を既存の金融機関であれば蓄積ができているのではないでしょうか。

→ この情報を積極活用することで、自行庫にしかできない提案が検討できるも

のと考えます。
→ 具体的には地元商材の仕入先や、製品・商品の地元販売先のご紹介（ビジネスマッチング）、営業基盤整備などの経営コンサルティングサービスの提供等を積極的に取り組んでください。

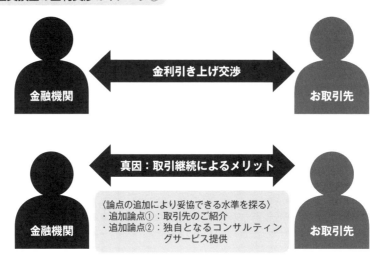

○業績面
「業績が悪化しており、資金繰り等の面から先々に不安を感じている」
→ 交渉のタイプは「原則立脚型交渉」とその対極にある「立場駆け引き型交渉」があります。
→ 「立場駆け引き型交渉」とは自分により有利な結果を得ることが究極的な目的とし、いわゆる勝ち負けをはっきりさせる交渉スタイルです。１回限りの交渉等では、効果を発揮しますが、長年の関係性を構築する場合などには適していません。
→ 金融機関と取引先の目指す姿は、安定した長期にわたる良好なリレーションです。このような原則立脚型交渉の「問題解決型」による対応策を検討してみましょう。
→ 「問題解決型交渉」とは論点を増やすのではなく広げることで双方のニーズを同時に充足することを目的とします。

第6章 金利引き上げの際の具体的な交渉方法・内容等

→ 取引先の要望の真因は、「業績悪化」です。これを解決するための論点としては、資金繰り支援としての「リスケジュール（返済条件の緩和）」と「経営改善に資するコンサルティングサービス」が考えられます。

→ 「経営改善に資するコンサルティングサービス」には以下の事項があげられます。

- **現状分析**：企業の現状を把握し、経営上の問題点を特定します。
- **目標設定**：改善したい経営上の問題点に対して、具体的な目標を設定します。
- **改善策の立案と実行**：目標達成のための改善策を立て、実行します。
  （具体的な改善策）
  ・コストの削減による収益力改善
  ・業務の効率化
  ・営業体制の強化
- **効果測定**：実行した改善策の進捗や効果を測定します。
- **改善策の継続**：効果測定により確認した事項を反映させ、継続して実行します。

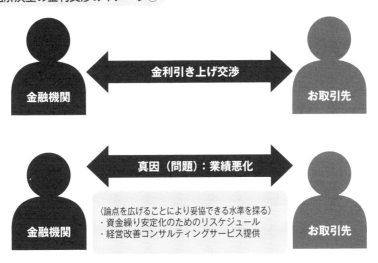

問題解決型の金利交渉のイメージ②

> アイスブレイク　チェックリストを作成しましょう

交渉の場において冷静さを保つためにもこれまで収集した情報等を整理しておくことが役立ちます。簡単でよいので収集した情報整理のためのチェックリストを作成しましょう。

チェック項目	収集した内容
情報収集相手	経理部〇〇課長
金利引き上げに関する反応	理解はするが、すべては容認できない
真因（本音）	金利が上がると利益が減ってしまう
どの位の金額なら容認できるか？	月々1万円程度なら何とかなる
	▲▲部長・◆◆社長も同様のイメージ
他行の接触はあるか？内容は？	ある
	具体的提示はないが、引き上げとなる
	もし、借入残高を増やしてくれるなら
	引き上げ幅は検討する余地がある
何か要望やお困りごとは？	新しい製品を作りたいがどこか手伝ってくれるような会社を紹介してほしい

（3）対応方針の決定

①対応方針を決める際の注意事項

これまで確認してきた事項等を基に取引先と金利の交渉を行う際の対応方針を決めていきます。この章で触れる対応方針には、交渉スタンスを含めたより具体的な事項に触れていきます。以下に注意したい事項をあげました。

◆原則立脚型交渉を行うこと

繰り返しになりますが、勝ち・負けをつけることではなく、取引先と金融機関の双方の利益に立ち返り、真のニーズ・限界点を探る視点を持ちましょう。

◆交渉スタンスの明確化

原則立脚型交渉を心がける中でも積極的な交渉とするのか、ケースバイケースの交渉とするのか取引先ごとに個別に決めていきます。採算・業績等・資金需要の切り口からアプローチを行ってください。

◆ゴール（引き上げ目標）の明確化

交渉の目的やゴールを明確に設定することが重要です。方向性が明確になります。

◆交渉相手の理解

取引先のニーズ、要望を理解するとともにその立場に配慮しましょう。こうすることで、相手の視点から考え、共通のゴールを見つけることができます。

②対応方針の具体例

参考までに対応方針の具体例を作成してみました。項目等は適宜追加・修正をしてください。

取引先名	A建設　株式会社　〈建設業・従業員数10名・資本金3,000万円〉
業　績　等	信用格付Ｂ（業績良好先）・直近期売上高10億円
融資残高・シェア等	融資残高1億円・70％のメイン行
採　算	関連取引含め良好

| 対応方針 | ベースレート1.00％上昇分フルスライド、スプレッド現状0.50％維持 |
| 交渉スタンス | 下記ニーズあり、利益交換型交渉 |

1. 受注工事見合短期資金需要は旺盛　　　　　　　　→ 積極対応
2. 従来適用金利2.50％（ベースレート＋0.5％）　　→ スプレッドを0.3％に縮小
3. 見積作成〜経理全般に統一的なシステムを導入ニーズあり → ICTコンサルティングのビジネスマッチング

5 取引先の要望確認後の準備②

(1)条件の提示

　金利引き上げ交渉もビジネスのワンシーンであることは確認しました。金利引き上げ交渉における具体的な条件の提示を行う際にもいくつかの注意点があります。

①交渉機会の設定

◆場所の選択

　スポーツでは、「ホーム」・「アウェイ」となる場所でそれぞれ戦術を変えることもあります。同じように金利引上げ交渉を行う場所は、金利引き上げ交渉の結果に大きな影響を与えることも考えられます。各金融機関の店舗、取引先事務所、もしくはどこかの会議室等が検討できます。通常の訪問予約を取る場合よりは少し配慮が必要です。場所の選択は慎重に行いましょう。

◆時間の設定

　お互い多忙の中、貴重な時間をとってのことです。事前にお話しする内容から必要となる時間を検討し、開始時刻を設定しましょう。

◆メンバーの選定

　金利引き上げ交渉に参加する人々を適切に選定することも重要です。双方担当者同士とするのか、役職者が同席するのか等を事前に確認し、調整をしておきましょう。

②条件の提示・伝え方

　これまで、取引先の話をよく聞くこと・ニーズを把握することについて確認してきました。今度はこちらの条件を提示する番です。ただ、話すだけではなく「伝わる」ようにすることです。

◆言葉と常識に注意すること

　金融機関にとっては日頃使い慣れた言葉・習慣・常識等でも、取引先にはなじみのないことも多いはずです。過度になりすぎる必要はありませんが、通常の訪問時よりは注意を払い、わかりやすい言葉で伝えましょう。

◆趣旨を明確・具体的に伝えること

　結論は最初に持ってくる等、話の道筋が明確でわかりやすいようにしましょう。また、提示する適用金利の引き上げ条件も数字を具体的に伝えましょう。

◆取引先を主軸にすること

　取引先を主語にした話し方を心がけましょう。「今回の適用金利の上昇により、貴社の金利負担が○○円増加します」と適用金利の引き上げを○％とだけ提示するのではなく、金額を伝えることも意識するとよいでしょう。

◆反論や批判することに過度に反応しないこと

　自分の意見を述べること、取引先の意見に反論することを過度に恐れる必要はありません。こちらの意見は自信を持って伝えることです。

(2) 反応の確認

　金利引き上げ交渉は相手に伝わらなければ意味がありません。また、内容からしても難航することも想定できます。数回に及ぶことになるかもしれません。相手の反応を確認することはとても重要です。

　これまで、頑なに金利引き上げ交渉を拒絶していた取引先の経営者が妥協点を見出す方向に転換した場合、その表情が少し穏やかになることがあるかもしれません。そのような、些細な変化も見逃さないようにすることが大切です。妥協案をタイムリーに提案することで、停滞していた交渉を劇的に進展させることができるかもしれません。

◆注意深く観察する

　相手の言葉だけでなく、声のトーンや表情なども観察しましょう。本音をより

正確に理解することが肝心です。

◆質問に対する答えを用意しておく
　想定される質問については、あらかじめ回答を準備しておきましょう。

(3)合意の形成

　いよいよ大詰めです。交渉の最終段階となる合意の形成です。以下の点に注意しましょう。

◆情報の非共有
　必要な情報を共有しないことは絶対に避けてください。「できればもう少し見直してほしい」という要請を受けていたにもかかわらず、共有せずにいたとします。大筋では合意していたことから、やむを得ず、取引先は合意することになりかねません。全員が同じ認識を持ち、よりよい合意形成を目指しましょう。

◆合意内容の明確な共有
　合意した金利引き上げ交渉の内容については、全体で確認し、相違しないように共有しておきましょう。また、契約書の締結等の手続きが必要となる場合は、「いつまでに」、「誰が」、「何を」、「どうすればいいのか」についても全員で共有しましょう。

6 取引先の要望確認後の準備③

(1) 事例を設定する前提条件等

　事例を考える上で、様々なケースが想定されますが、すべてに触れることは難しいです。このため、金利引上げ交渉で想定される大きな区分である以下の場合に分けてこれから触れていきます。

〈事例研究のパターン〉
- 既存貸出金利の引き上げ
- 取引先からのスプレッド縮小の要請
- 変動金利（含む市場金利連動貸出）から固定金利貸出への変更の要請
- 新規貸出の金利対応（新規アプローチ先を含む）

　金利交渉を行うに際して、交渉のスタンス・対応方針はお取引ごとの個別の背景・事情により、異なることはこれまでに確認してきました。以下の要素をそれぞれのパターンでも考慮し、検討していきます。
- 融資シェア：メイン先・準メイン先
- 業績（含む保全状況）：信用格付が正常先・要注意先等
- 採算面（含む関連取引）：採算良好先・不採算先

　なお、取引先が法人か個人かにより、交渉スタンス・対応方針等が異なってくる場合もあります。そのことが、取引スタンス・対応方針に大きく影響してくる場合に、適宜取り入れて検討していくこととします。

(2) 既存貸出金利の引き上げ

①融資シェアメインの取引先（正常先）の場合

　リレーションは良好であり、取引先と金融機関の双方が、「安定した融資取引の継続を望んでいる」と考えられます。

新規参入を行いたい金融機関、および既存取引がある他の金融機関との競合が脅威となります。他の金融機関にとっても参入障壁はきわめて高く、そう簡単にメイン取引の地位が獲得できるということは考えづらいものです。

　しかしながら、油断は禁物です。なかには、あまりに適用金利の条件が違う場合には、全部ではないものの、借入金の一部を他の金融機関にて借り換えを検討することや、先々の大型設備資金導入時には他の金融機関へお願いするといったことを考えている取引先もあるかもしれません。真摯な姿勢で取引先のニーズ・真因（本音）を探っていきましょう。

取引先名	A株式会社（建設業・従業員数10名・資本金3,000万円）
業績等	信用格付「正常先」・直近売上高10億円
融資シェア	70％のメイン取引先
採算	関連取引含め良好
交渉対象となる貸出金	長期資金1億円　変動金利
適用金利	2.475％ 〈新長期プライムレート（1.975％）＋0.5％フルスライド〉

交渉内容	新長期プライムレート1％上昇に伴う金利の引き上げ
適用金利	2.975％ 〈新長期プライムレート（2.475％）＋0.5％フルスライド〉

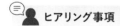 ヒアリング事項

金利動向に関する認識	新聞・ニュース等で周知している
金利引き上げに関する反応	担当者・経営者ともに了解
資金繰り・資金ニーズ	業績拡大に伴う運転資金ニーズ旺盛〈受注工事を見合いとする短期資金ニーズあり〉
他行の状況	ベースレート上昇による金利の引き上げ要請あり

第6章 金利引き上げの際の具体的な交渉方法・内容等

> 💬 取引先の真因（本音）

金利が上がるのは、経済の仕組みからしてやむを得ない
- メイン取引をしている長年の金融機関であり、安定した取引を今後もしていきたい
- 営業・工事部門・経理でそれぞれ個別のシステムを使っているため統一化したい

対応方針 ベースレート0.5％上昇分フルスライド、スプレッド現状0.5％維持
交渉スタンス 下記ニーズあり、利益交換型交渉
1. 受注工事見合短期資金需要は旺盛であり、積極対応
2. 短期資金は従来、短期プライムレート＋0.5％（現状1.975％）
 →今後、短期プライムレート＋0.25％で対応（スプレッド縮小）
3. 見積作成〜経理全般に統一的なシステムを導入ニーズあり
 →ICTコンサルティングのビジネスマッチング

> 💬 交渉のポイント

- メイン取引先との良好なコミュニケーション、安定した取引継続が真因（本音）
- 長期資金の金利は約定通りとするが、短期資金に関してはスプレッド縮小する方向

②融資シェア準メインの取引先（正常先）の場合

　メイン取引の場合と同様に、基本的にはリレーションは良好であり、取引先と金融機関の双方が、「安定した融資取引の継続を望んでいる」と考えられます。

　また、同様に新規参入を行いたい金融機関、および既存取引がある他の金融機関との競合が脅威となり、その参入障壁も相応に高いものと考えます。しかしながら、メインの金融機関からするとさらにシェア拡大を目指している場合にはその限りではないと考えます。

　油断は禁物です。初動を早くすることが重要です。他の金融機関の動向を早急に収集し、場合によっては当初打ち出した対応方針を変更していくことも視野に入れる必要があるかもしれません。真摯な姿勢に加えて、状況に応じた臨機応変で柔軟な姿勢で取引先のニーズ・真因（本音）を探り、交渉を行っていきましょう。

取引先名	B株式会社（金属製造業・従業員数20名・資本金2,000万円）
業績等	信用格付「正常先」・直近売上高20億円
融資シェア	20％の準メイン取引先（融資シェアがメインの金融機関50％）
採算	当社取引のみ、オーナー取引はメインの金融機関に集中
交渉対象となる貸出金	長期資金1億円　変動金利
適用金利	2.475％　〈新長期プライムレート（1.975％）＋0.5％フルスライド〉

交渉内容	新長期プライムレート0.5％上昇に伴う金利の引き上げ
適用金利	2.975％　〈新長期プライムレート（2.475％）＋0.5％フルスライド〉
注意事項	他の金融機関の動向次第で柔軟に対応する （特にメイン行の動向を注視する）

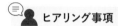 **ヒアリング事項**

金利動向に関する認識	新聞・ニュース等で周知している
金利引き上げに関する反応	担当者・経営者ともに理解しているがすべて受入れはできない
資金繰り・資金ニーズ	業績拡大に伴う設備資金・運転資金ニーズはともに旺盛
業況	電気・ガス等燃料費・材料費等の製造コストの上昇あり 製品販売価格への転嫁はようやくでき始めたが、50％程度の状態
メインの金融機関動向	金利の引き上げ交渉はあったが、新規の融資に関しては低レートの固定金利での対応も可能とのアプローチあり
他の金融機関動向	ベースレート上昇による金利の引き上げ要請あり 新規参入を目指す金融機関からのアプローチも多数あり

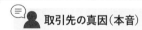 **取引先の真因（本音）**

金利が上がるのは、経済の仕組みからしてやむを得ない
- できれば長年の取引金融機関であり、安定した取引を今後も継続していきたい
- 当社も製造コスト上昇分を製品販売価格に転嫁できつつあるが、50％程度
- また、業務効率化等の自助努力を重ねて、一部は吸収してきた
- メインの金融機関からは、低金利での固定金利による新規貸出の提案も受けている

> **追加ヒアリング**
> - メイン行の引き上げはベースレート上昇分0.5％であることが判明
> - 経営者個人のお取引の拡大はできないか？
> - 輸送コストの削減のため、地元での外注先を探している
>   （実行できれば燃料コストの削減分10％程度の収益改善が行える）

> **対応方針** 当初予定通りベースレート0.5％上昇分フルスライド
> **適用金利** 2.975％
>   〈新長期プライムレート(2.475％)＋0.5％フルスライド〉
> **交渉スタンス** 粘り強い交渉によりメインの金融機関の水準と同一対応を行う
>   収益性維持・向上のための具体的な自助努力を重ねているため
>   下記ニーズあり、利益交換型交渉
> 1. 金利引き上げとなる背景等には理解を示され、引き上げも了解
> 2. 地元外注先として数社ご紹介した結果、1社と成約
>   ビジネスマッチングとしての役務収益：年間取引額の0.5％
>   想定金額は年間1億円程度、双方から受領する役務収益は100万円程度見込み
> 3. 経営者の個人取引一部開始

> **交渉のポイント**
> - 長年の取引先による良好なコミュニケーション、安定した取引継続が真因（本音）
> - 数回にわたり、柔軟で粘り強い交渉ができたこと
> - メイン金融機関の対応が詳細に情報収集できたこと
> - 事業内容・業績等に踏み込んだヒアリングによる真因（本音）追及ができたこと
> - 取引先との交渉内容を複数にできたこと
> - 経営改善に貢献できる取組みをタイムリーにできたこと

③信用リスク増大先

業績が悪化している取引先が該当します。難易度の高い交渉となることが想定されます。ベースレートの引き上げだけではなく、スプレッドの引き上げも交渉せざるを得ない可能性もあります。

取引先も業績が悪化している以上、適用金利の引き上げについてはやむを得ないことと納得できるものの、同時に返済が継続できなくなるという不安をかかえるため、「簡単には了解できない」という気持ちには理解ができるところです。

取引先の真因（本音）は業績悪化による将来の不安であることは明確です。論点を広げて解決策を探る問題解決型の交渉を心がけましょう。

信用リスク増大先については保全状況ということも重要な要素です。保全充足しているケースとそうでないケースに分けて事例を研究します。

保全充足しているケース

取引先名	C株式会社（飲食業・従業員数20名・資本金2,000万円）
業績等	信用格付「要注意先」・直近売上高2億円
融資シェア	70%のメイン取引先
採算	当社取引のみ、オーナー取引も集中
交渉対象となる貸出金	長期資金7,000万円　変動金利
保全	不動産にて100%
適用金利	2.975%　〈新長期プライムレート（1.975%）＋1.0%フルスライド〉

交渉内容	新長期プライムレート0.5%上昇に伴う金利の引き上げ
適用金利	3.475%　〈新長期プライムレート（2.475%）＋1.0%フルスライド〉
注意事項	メインの金融機関として返済条件緩和を含めて全面的に支援する

ヒアリング事項

金利動向に関する認識	新聞・ニュース等で周知している
金利引き上げに関する反応	担当者・経営者ともに理解している
資金繰り・資金ニーズ	現状の月々返済額60万円の継続が難しくなっている
業況	電気・ガス等燃料費・材料費・人件費等のコストの上昇あり 値上げをすると顧客が離れてしまうため、利益がさらに減っている状況
他行の状況	ベースレート上昇による金利の引き上げ要請あり 理解はしているが、同様に返済が難しくなっている

取引先の真因（本音）

金利が上がるのは、経済の仕組みからしてやむを得ない
- 諸々のコストが増加しており収益はほぼゼロとなっている
- 金融機関への返済のため、役員報酬を減らしているが厳しくなってきた
- 新メニューの導入や、値上げは徐々に行うが、時間がかかるため、現状の返済額での支払いは難しい

第6章 金利引き上げの際の具体的な交渉方法・内容等

> **追加ヒアリング**
> - 支払利息の増加する金額を提示：月々約3万円の負担増加
> - 金融機関への月々返済額（元利金）合計の現状把握、返済継続可能な水準の把握
> - 来店顧客の把握（客層、ピーク時間帯等）が十分にできているか？
> - 来店顧客を把握した結果等を経営に生かしているか？
> - 従業員の業務効率化への取組状況
> - 新メニューへの取組状況及び周知徹底方法等の把握

対応方針	ベースレート0.5％上昇分フルスライド
適用金利	3.475％ 〈新長期プライムレート（2.475％）＋1.0％フルスライド〉
交渉スタンス	ベースレート上昇分は引き上げ 返済条件の緩和をメイン金融機関として主導 下記論点あり、論点を広げて問題解決型交渉

1. 金利引き上げとなる背景等は理解しているが業績悪化しており支払継続が厳しい
2. 返済金額：下記の通りとし、半年後に業況を確認し返済額を見直す
3. 来店客層の分析・ピーク時間帯を捉え休憩時間を設け電気代等のコスト削減を行う
4. 食券販売機を導入し、従業員業務効率化、人員削減等も検討していく
5. 考案した新メニューをHP・SNS等による周知徹底していく

〈現状〉 (単位：円、％)

金融機関	残高	金利	月々返済額	月々利息	元利金合計
A	70,000,000	2.975	400,000	173,542	573,542
B	30,000,000	2.975	200,000	74,375	274,375
---	100,000,000	---	600,000	247,917	847,917

〈返済条件緩和後〉 (単位：円、％)

金融機関	残高	金利	月々返済額	月々利息	元利金合計
A	70,000,000	3.475	250,000	202,708	452,708
B	30,000,000	3.475	100,000	86,875	186,875
---	100,000,000	---	350,000	289,583	639,583
増減	---	---	▲250,000	41,667	▲208,333

交渉のポイント

- 他の金融機関を含めて、保全が充足していたこともあり、返済条件緩和をメインの金融機関として主導できたこと
- メインの金融機関として、返済条件緩和は若干他の金融機関に配慮したこと
- 返済条件緩和に対して、業績悪化の改善策も同時に検討し、提案できたこと
- 半年ごとに改善に向けた取組状況の効果もモニタリングしていけること

アイスブレイク　プロラタ返済って何？

　プロラタとは、「比例配分できる（Proratable）」の略称で、企業が複数の金融機関からの借入を受ける場合に、返済額を借入金額に応じて比例的に決める返済方法のことを言います。プロラタ返済とは、企業が業績悪化により返済方法の緩和といった借入条件変更の際に用いられることが多いです。一般的には以下のように、返済額が算出されます。

■融資残高により按分される形式

　現在返済額の合計は月々20万円、条件変更後は合計で10万円とする場合

金融機関	融資残高	融資シェア	月々返済額
A	500	50%	10
B	300	30%	6
C	200	20%	4
合計	1,000	100%	20

（単位：万円）

月々返済額
5
3
2
10

◆保全不足割合により按分される形式

　現在返済額の合計は月々20万円、条件変更後は合計で10万円とする場合

金融機関	融資残高	融資シェア	月々返済額	保全金額	無担保金額	無担保シェア
A	500	50%	10	200	300	60%
B	300	30%	6	200	100	20%
C	200	20%	4	100	100	20%
合計	1,000	100%	20	500	500	100%

（単位：万円）

月々返済額
6
2
2
10

- プロラタ返済では各金融機関にとって返済条件が平等なものとなること、経営改善計画の策定がポイントとなります。
また、様々な点で各金融機関との調整も必要となりますので、注意が必要です。

保全充足していないケース

取引先名	D株式会社(クリーニング業・従業員数15名・資本金1,000万円)
業績等	信用格付「要注意先」・直近売上高3億円
融資シェア	100%のメイン取引先
採算	当社取引のみ、オーナー取引はメインの金融機関に集中
交渉対象となる貸出金	長期資金5,000万円　変動金利
保全	不動産にて60%(担保価格3,000万円)
適用金利	2.975%　〈新長期プライムレート(1.975%)+1.0%フルスライド〉
返済金額	月々元金40万円 業績悪化により、支払継続が難しい状況にある

交渉内容	①新長期プライムレート0.5%上昇に伴う金利の引き上げ ②返済条件緩和に伴い適用スプレッド0.2%の引き上げ
適用金利	3.675%　〈新長期プライムレート(2.475%)+1.2%フルスライド〉
注意事項	メインの金融機関として返済条件緩和を含めて全面的に支援する

ヒアリング事項

金利動向に関する認識	新聞・ニュース等で周知している
金利引き上げに関する反応	金利の引き上げはある程度覚悟している
資金繰り等	現状の返済金額を継続できない
業況	電気・ガス等燃料費・材料費・人件費等のコストの上昇あり 値上げはしたが、コストの上昇が上回っている

取引先の真因(本音)

金利が上がるのは、経済の仕組みからしてやむを得ない
- 諸々のコストが増加しており収益はほぼゼロとなっている
- 金融機関へ返済のため自分たちの役員報酬を減らしているが、厳しくなってきた
- 値上げは行っているが、当社のクリーニング技術には顧客から高い評価も得ている
- 様子を見つつではあるが、追加の値上げも十分可能
- 店舗には余剰スペースがあり、何か有効な活用を検討し、余力としていきたい

追加ヒアリング

- 支払利息の増加する金額を提示：月々約3万円の負担増加
- 金融機関への月々返済額(元利金)合計の現状把握、返済継続可能な水準の把握
- 次の値上げの早期実施は可能か？
- 余剰スペースにおいて、有料での衣類の保管サービスを開始の可能性を検討する
  例） 夏場に冬物衣類(コート類)等を有料で保管するサービスを開始する

対応方針 当初方針①・②の通り、保全不足もあり、信用リスク増加により
適用スプレッドも引上げる

適用金利 3.675％
〈新長期プライムレート(2.475％)＋1.2％フルスライド〉

交渉スタンス 業績悪化に対して、返済条件の緩和を行うとともに下記論点を
広げて問題解決型交渉を行う

1. 業績悪化及び保全不足があり、総合的な信用リスクが増加している状況を説明し、ベースレートの引き上げ＋スプレッドの引き上げについても理解を得る
2. 返済金額：下記の通りとし、半年後に業況を確認し返済額を見直す
3. 早期の値上げ実施、余剰スペースの活用による業績改善を伴走支援する
4. 業績改善により、返済が正常化した場合には、今回0.2％引き上げた適用スプレッドも従来水準に引き下げも可能なことを伝え、理解を得る

〈現状〉 (単位：円、％)

金融機関	残高	金利	月々返済額	月々利息	元利金合計
A	50,000,000	2.975	400,000	123,958	523,958

〈返済条件緩和後〉 (単位：円、％)

金融機関	残高	金利	月々返済額	月々利息	元利金合計
A	50,000,000	3.675	250,000	153,125	403,125
増減	0	0.7	▲150,000	29,167	▲120,833

> **交渉のポイント**
> - 業績悪化、返済条件緩和等により信用リスクが増加する場合には金利の引き上げとなること（適用スプレッドの引き上げ）を十分に説明し、理解を得ること
> - 業績回復時には、引き上げた適用スプレッドが元の水準に戻せることを説明すること
> - 返済継続できる水準まで返済条件緩和については応じること
> - 半年ごとに改善に向けた取組について伴走支援すること
> - 状況の効果もモニタリングしていくこと

（3）スプレッド縮小要請受付対応

　業績が良好な取引先等が該当します。ベースレートの引き上げによる金利の引き上げには理解を示すものの、スプレッドについて調整をすることで結果として、金利の上昇を抑えたいことが取引先の要望の真因となります。

　この場合、金融機関にとって、製造業メーカーが原材料などの仕入価格の上昇を売価に転嫁することができずに利益を減少させてしまうことと同様です。しかしながら、応じない場合には取引先は他の金融機関に借り換えをしてしまうことも想定されます。融資残高がゼロになってしまっては元も子もありません。

　金利引き上げ交渉は「勝ち・負けをつけることではないこと」については確認しましたが、「原則立脚型交渉」のうち「利益交換型」に基づいて考えてみましょう。双方の利益に立ち返り真のニーズ・限界点を探ることで論点を複数化できないかという視点を持ちましょう。

　具体的には適用スプレッドを引き下げることにより、金融機関にとって減少してしまう利益を具体的な金額として提示し、取引先のニーズを満たすような提案や経営コンサルティングを行うことによる役務収益の獲得ができないか等を考えていきましょう。

　なお、各金融機関により、重要視する項目や優先する項目は違ってくることでしょう。参考として、RORA等の変化に関する一覧表を添付しました。RORA等の指標算出フォーマットはこれまでに確認してきたものを使用し、便宜的に現在の融資残高を平残としています。また貸出金の仕切りレートもベースレートの上昇分0.50%がそのまま上昇することを前提としました。

取引先名	E株式会社（合成樹脂製造業・従業員数40名・資本金3,000万円）
業績等	信用格付「正常先」・直近売上高20億円
融資シェア	20％の準メイン取引先（融資シェアがメインの金融機関50％）
採算	当社取引のみ、オーナー取引はメインの金融機関に集中
交渉対象となる貸出金	長期資金1億円　変動金利
適用金利	2.475％　〈新長期プライムレート（1.975％）＋0.5％フルスライド〉

交渉内容	新長期プライムレート0.5％上昇に伴う金利の引き上げ
適用金利	2.975％　〈新長期プライムレート（2.475％）＋0.5％フルスライド〉
注意事項	他の金融機関の動向次第で柔軟に対応（特にメイン行の動向を注視）

 ヒアリング事項

金利動向に関する認識	新聞・ニュース等で周知している
金利引き上げに関する反応	担当者・経営者ともに理解しているがすべて受入れはできない
資金繰り・資金ニーズ	業績拡大に伴う設備資金・運転資金ニーズはともに旺盛
業況	電気・ガス等燃料費・材料費等の製造コストの上昇分の製品販売価格への転嫁は50％程度。
メインの金融機関動向	金利の引き上げ交渉はあったが、新規の融資に関しては低レートの固定金利での対応も可能とのアプローチあり
他の金融機関動向	ベースレート上昇による金利の引き上げ要請あり　新規参入を目指す金融機関からのアプローチも多数あり

取引先の真因（本音）

金利が上がるのは、経済の仕組みからしてやむを得ない
- できれば長年の取引金融機関であり、安定した取引を今後も継続していきたい
- メインの金融機関からは、低金利での固定金利による新規貸出の提案も受けている
- 現在の融資シェアにはこだわらず、今後は当社をよく理解してくれる金融機関との取引を拡大していく方針

第6章 金利引き上げの際の具体的な交渉方法・内容等

> 💬 **追加ヒアリング**
> - メイン行の引き上げは出来上がりで0.3％（価格転嫁が５０％であることに配慮）
> - 経営者個人のお取引の拡大はできないか？
> - 販売先の新規開拓を行っている。できれば遠方ばかりなので地元での販売先を希望
> - 営業車両１台500万円程度の入れ替えを検討している

対応方針 ①ベースレート0.5％上昇分フルスライド
②スプレッドを0.3％へ縮小

適用金利 2.775％
〈新長期プライムレート（2.475％）＋0.3％フルスライド〉

交渉スタンス メインの金融機関の対応と同一とし、強硬な交渉は避ける
他の金融機関からの新規参入アプローチあり
収益性維持・向上のための具体的な自助努力を重ねているため
継続支援を行う
下記ニーズあり、利益交換型交渉

1. 金利引き上げとなる背景等には理解を示され、一部引上げには了解
2. 地元の販売先として数社ご紹介した結果、1社と成約
    ビジネスマッチングとしての役務収益：年間取引額の1.0％
    想定金額は年間1億円程度、当社から受領する役務収益は100万円程度見込み
3. 営業車両の入れ替え資金500万円の新規融資獲得（保証協会付融資）
4. 経営者の個人取引一部開始を確約

（単位：円、％）

〈現状〉

金融機関	残高	金利	年間利息
A	100,000,000	2.475	2,475,000

〈すべて引き上げた場合〉

金融機関	残高	金利	年間利息
A	100,000,000	2.975	2,975,000
増減	---	0.5	500,000

〈0.3％引き上げ〉

金融機関	残高	金利	年間利息
A	100,000,000	2.775	2,775,000
増減	---	---	300,000

〈すべて引き上げた場合〉

金融機関	残高	金利	年間利息
A	100,000,000	2.775	2,775,000
増減	---	---	▲200,000

適用スプレッドを引き下げたことにより、年間20万円の利益減少

〈対応策〉

金融機関A	残高等	金利等	年間利息等収益
車両購入資金対応	5,000,000	2.775	138,750
ビジネスマッチング	100,000,000	1.0	1,000,000
合計	---	---	1,138,750

> **交渉のポイント**
>
> - 業勝ち負けではない柔軟で粘り強い交渉ができたこと
> - メイン金融機関の対応が詳細に情報収集できたこと
> - 事業内容・業績等に踏み込んだヒアリングによる真因(本音)追及ができたこと
> - 取引先のニーズを複数にできたこと
> - 経営改善に貢献できる取組みをタイムリーにできたこと

(金額単位:千円)

			現状	引き下げ後	引き下げ後+取引拡大
①貸出金	A一般短期	平残 a			
		リスクウェイト b			
		利率 c			
		利息 d=a×c	0	0	0
		仕切りレート f			
	B一般長期	平残 a	100,000	100,000	100,000
		リスクウェイト b	100%	100%	100%
		利率 c	2.475%	2.775%	2.775%
		利息 d=a×c	2,475	2,775	2,775
		仕切りレート f	0.800%	1.300%	1.300%
	C保証協会保証付	平残 a			5,000
		リスクウェイト b			10%
		利率 c			2.475%
		利息 d=a×c			743
		仕切りレート f			1.300%
	D貸出金計=Aa+Ba+Ca		100,000	100,000	105,000
	E貸出金利息計=Ad+Bd+Cd		2,475	2,775	3,518
	F貸出金スプレッド収益 ※1		1,675	1,475	1,534
②預金	G流動預金	平残 a	0	0	0
		利率 b	0.00%	0.00%	0.00%
		利息 c=a×b	0	0	0
	H固定預金	平残 a			
		利率 b			
		利息 c=a×b			
	I預金計=Ga+Ha		0	0	0
	J預金利息計=Gc+Hc		0	0	0
	K仕切りレート		0.500%	0.500%	0.500%
	L預金スプレッド収益 ※2		0	0	0
③預貸差	平残 a=Aa+Ba+Ca-Ea-Fa		100,000	100,000	105,000
	仕切りレート b		0.500%	0.500%	0.500%
	調達コスト c=a×b			500	525
④実効金利:(E-J)/(D-I)			2.475%	2.775%	3.350%
⑤歩留率:I/D*100			0.0%	0.0%	0.0%
⑥資金収益:①E-②J-③c			1,975	2,275	2,993
⑦資金収益率:⑥/D			1.975%	2.275%	2.850%
⑧資金スプレッド収益:F+L			1,675	1,475	1,534
⑨資金スプレッド収益率:⑧/D			1.675%	1.475%	1.461%
⑩役務収益			0	0	1,000
⑪信用コスト率			0.1%	0.1%	0.1%
⑫信用コスト:(Aa*Ab+Ba*Bb+Ca*Cb)*⑪			100	100	101
⑬経費率			0.6%	0.6%	0.6%
⑭経費:D*⑬			600	600	630
⑮RACAR(リスクコスト調整後収益):⑧+⑩-⑫-⑭			975	775	1,803
⑯RAROA(リスク調整後収益率):⑮/D			0.975%	0.775%	1.717%
⑰RORA(リスク・アセット対比収益率) ※3				0.775%	1.794%

※1. ①F貸出金スプレッド収益:Aa*(Ac-Af)+Ba*(Bc-Bf)+Ca*(Cc-Cf)
※2. ②L預金スプレッド収益:Ga*(K-Gb)+Ha*(K-Hb)
※3. ⑰RORA(リスク・アセット対比収益率):⑮/(Aa*Ab+Ba*Bb+Ca*Cb)

(4) 市場金利連動貸出から固定金利貸出への変更要請

　業績が良好で比較的規模の大きな取引先が対象となることが考えられます。前提としては双方が取引を継続していきたいと考えています。支払金利を含めた金額を固定することで先行きの金利上昇を含めたリスクを考えている場合などに利用される金利スワップを利用したケースを事例とします。

　金利スワップを利用する基準は各金融機関で相違すること、およびその運用方針等も同様に相違することと考えます。実際の利用の際には、各金融機関方針に従って検討してください。

取引先名	F株式会社（建設資材卸売業・従業員数100名・資本金3,000万円）
業績等	信用格付「正常先」・直近売上高200億円
融資シェア	10％（メイン・準メイン先）
採算	融資のみのお取引
交渉対象となる貸出金	長期資金2億円　変動金利
適用金利	3か月TIBOR＋0.1％
期間等	2年
返済方法等	期日一括返済
利払い方法	3か月ごと

交渉内容	以下の金利固定化スワップで対応する

スワップ取引の条件は以下の通り。

スワップを行う期間	2年
利息交換	3か月ごと
想定元本	2億円
F社の支払固定金利	0.30％
F社の受取変動金利	3か月TIBOR

▶ 金利支払受取フロー

F社		金融機関
借入金：3か月TIBOR＋0.10％（支払）	→	（受取）
金利スワップ：固定金利0.30％（支払）	→	（受取）
（受取）	←	金利スワップ：3か月TIBOR（支払）

※借入金の支払利息と金利スワップの受取利息が相殺され、実質0.40％の固定金利借入となる。

▶ F社の金利スワップを取り組んだ場合のキャッシュフロー

(単位：円)

	借入金支払利息A	金利スワップ 固定金利支払①	金利スワップ 変動金利受取②	金利スワップ 支払超過額 B：①－②	合計 A＋B
3か月後	147,945	147,945	98,630	49,315	197,260
6か月後	147,945	147,945	98,630	49,315	197,260
9か月後	147,945	147,945	98,630	49,315	197,260
12か月後	147,945	147,945	98,630	49,315	197,260
15か月後	147,945	147,945	98,630	49,315	197,260
18か月後	147,945	147,945	98,630	49,315	197,260
21か月後	147,945	147,945	98,630	49,315	197,260
24か月後	147,945	147,945	98,630	49,315	197,260

■ F社の借入金支払利息：A
　便宜的に3か月TIBOR＝0.20%とすると出来上がりの支払金利0.30%
　2億円×0.30%÷365日×90日（3か月）＝147,945円

■ F社の金利スワップの固定金利支払（0.30%）
　2億円×0.30%÷365日×90日（3か月）＝147,945円

■ F社の金利スワップの変動金利受取（3か月TIBOR）
　2億円×0.20%÷365日×90日（3か月）＝98,630円

■ F社の金利スワップのキャッシュフロー：小計B
　差額の49,315円は適用金利0.10%の水準となる

■ F社の借入金および金利スワップの合計キャッシュフロー：合計A＋B
　2億円×0.40%÷365日×90日（3か月）＝197,260円、
　合計A＋B＝197,260円と同じ水準となる

> **交渉のポイント**
> - 金利は今後も上昇すると判断した取引先の考えに対応できたこと
> - ただし、金利が低下した場合には、受取額が減ってしまうため取引先の考えにそぐわない結果となることもあることを十分に説明する

（5）新規貸出の金利対応（新規アプローチ先を含む）

　このケースでは、各金融機関の方針の他、他の金融機関との競合状況によります。取引先の業績は良好であり、どうしても融資取引を獲得したい理由（圧倒的なメイン先、先々の取引拡大が見込める新規先）がある場合が想定されます。

取引先名	G株式会社（不動産業・従業員数20名・資本金3,000万円）
業績等	信用格付「正常先」・直近売上高40億円
融資シェア	80％のメイン取引先
採算	採算良好、オーナー取引も集中
調達予定の借入金	賃貸物件の購入資金　長期資金5億円
他行競合状況	5行の競合あり

交渉内容	下記レートを提示するが、競合状況によってはさらに低い水準とする
適用金利	2.475％　　〈新長期プライムレート（2.475％）＋0％フルスライド〉

追加ヒアリング

- メガバンクにて固定金利1.50％の提示が最安であること判明
- 取引先も返済原資が不動産賃貸収入であることから支払額を固定したいとの要望

対応方針	固定金利1.45％を再提示し、是が非でも取り組む
理由	圧倒的なメイン取引先であり、先々の資金需要なども旺盛であり取引拡大も期待できること 地元でのネットワークが確立されており、今後不良債権等の売却の際にも連携した取り組みが期待できること

第7章

付加価値（経営コンサルティング）の必要性

ココだけは押さえておきたい！

　このセッションは取引先に対する付加価値提供の手段として経営コンサルティングの重要性について考えて行くことを目的としています。現状分析から経営課題の把握、解決策の策定手法についての考え方や、経営コンサルティングのメニューについて学習します。

　経営コンサルティングを行う上で外部専門家との連携の重要性についても確認します。

1 取引先に対する経営コンサルティングの意義

(1)金融機関に期待される役割

　地域金融機関は、取引先に対する融資を通じて、その成長・発展を支援し、ひいてはその地方の発展にも貢献してきました。

　近年では、コロナウィルス感染症拡大による対面営業の制限等から全業種通じた景況の悪化、ウクライナ情勢等に端を発したガス・電気等のエネルギーコスト・原材料の高騰等、自社では統制ができない外部環境の劇的な変化は取引先の業績を悪化させます。

　この状況の中で、金融機関には融資以外の様々なサービスの提供が期待されています。近年では、社会、経済、ビジネスが複雑化し、企業から求められるレベルはより専門的で高度化しています。総合的な経営コンサルティングの提供が期待されています。取引先の中には、経営課題について的確な経営コンサルティングが提供されれば、その業績は劇的に改善される可能性のある企業も多いのではないでしょうか。

取引金融機関の対応について⑤

- 金融機関から実際に受けたサービスは、「各種支援制度の紹介や申請の支援」や「取引先・販売先の紹介」といった売上や利益改善に直結するサービスが高い割合を占める一方で、受けたいサービス(P.14)として回答の上位にあった「経営人材の紹介」や「業務効率化(IT化・デジタル化)に関する支援」は、割合が低かった。
- サービスを受けた理由は、いずれのサービスも「提案内容に納得できたから」と回答した割合が、「手数料が安かったから」と回答した割合を上回っている。また、サービスによっては、「金融機関からの提案を断れないから」も一定割合を占めている。

出所：金融庁「企業アンケート調査の結果　令和5年6月28日」P14

第7章 付加価値(経営コンサルティング)の必要性

(2)金融機関の取組に対する取引先の評価

　金融庁「企業アンケート調査の結果（令和5年6月28日）」によると「経営上の課題や悩みを把握してくれる」と回答した企業は69.5％ですが、「経営上の課題に関する分析結果を伝えてくれる」と回答した企業は50.5％と19ポイント下回り、「伝えられた経営課題や評価に対する納得感がある」と回答した企業（課題共有先）は45.8％でした（下表の左）。また、そうした課題共有先では、「是非、取引を継続したい」との回答が82.8％、「どちらかと言えば取引を継続したい」との回答が15.9％で、双方の合計では98.7％と大半を占めています。

出所：金融庁「企業アンケート調査の結果　令和5年6月28日」P21

　また、金融庁「企業アンケート調査の結果（令和4年6月30日）」によるとそうした課題共有先での、メインバンクを変更していない理由は、「融資等サービスの提供を受けたタイミングや対応のスピードが適切だから」、「提供を受けた融資等サービスの内容がよいから」、「自社の事業の理解が深いから」といった前向きな付加価値をあげる回答がおよそ8割を占める一方、課題共有の認識が低い「その他の先」では、「取引関係が長く、変更するのが手間だから」といった、消極的な回答が、およそ半数を占めています。企業の経営者には、金融機関と「経

営全般について深い相談がまだできていない」と感じている方も多く、経営コンサルティングを行う上で、きわめて良好なポジションにいる金融機関に対して寄せる期待はとても高いと言えるのではないでしょうか。

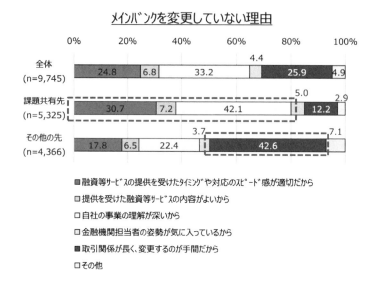

出所：金融庁「企業アンケート調査の結果　令和4年6月30日」P15

（3）取引先に対する経営コンサルティングの意義

　金融機関が、ただ取引先の融資残高の増加のみを求めれば、その他の取引金融機関との間で低金利での競争が過熱することが想定されます。調達金利が上昇する局面では、提示する貸出金の金利を維持するために、金利スプレッドの低下が余儀なくなり、金利収入は減少していく懸念があります。

　経営コンサルティングを取引先が受けるメリットは「企業の経営状況を第三者に相談をすることで、第三者の視点で客観的に経営課題を把握でき、課題を解決する戦略を策定し、成長に繋げることができる」という点が考えられます。金融機関と経営者のリーダーシップによって地域密着型金融はさらに発展し、お互いの成長に大きく貢献することが期待できます。

　特に対面ビジネスに強みを持つ地域金融機関では、取引先に付加価値を提供で

きる経営コンサルティングを通じた様々な支援（ソリューション）を行うことで、適正な金利収入を得ることができる融資残高の確保や、専門性の高い経営コンサルティングサービスの対価としての手数料を獲得できる等のビジネスチャンスは拡大する可能性があります。

2 経営コンサルティングの進め方

（1）経営コンサルティングのステップ

　経営コンサルティングについては様々な考え方・定義があります。これまで、経営コンサルティングに携わった経験等がない方にとってはどのようにすればよいか？どのようなことから始めればよいか？とお悩みになると思います。

　基本的なことは、取引先が抱える経営上の課題を洗い出し、解決するための計画を共に考え、実行していくということです。

　一般的な経営コンサルティングの進め方は以下の通りです。次項以降にて詳細に触れていきます。

▶ 経営コンサルティングのステップ

ヒアリング
- 取引先に訪問し、日頃から抱えている悩み・改善していきたい事項などのヒアリング・洗い出しを行う。
- 取引先が主体となって取り組んでいくことについての合意も得る。
- 必要に応じて、外部専門家（弁護士・税理士等）との連携も視野に入れる。

現状の分析
- 外部の環境（経済・業界の動向・仕入先・販売先等）内部の環境（人材・設備・財務）を把握・分析する。
- 「改善・解決」のための仮説を立てる。
- 「本当にそうなのか？」仮説を検証する。

改善に向けた計画の策定と提案
- 仮説に基づき、実現可能である計画を策定し、提案する。
- 対応すべき優先順位についても検討し、取引先から合意を得る。

実行
- 合意を得た計画を取引先と共に実行支援・助言していく。
- 必要に応じて、外聞専門家（弁護士・税理士等）と連携していく。

実行後のフォロー
- 計画実行後も進捗状況を把握（モニタリング）し、フォローしていく。
- 計画策定時には、予期しえない外部環境の変化等も十分に想定されるため、計画の見直しの必要性等についても助言する等適宜フォローしていく。

（2）現状の分析・経営課題の把握等

①ヒアリングのステップ

入り口となる「ヒアリング」のステップは、金融機関の方なら、取引先を訪問し、経営者と面談をされる等、日頃から十分に経験されていることと思われます。その際、「うちの会社には○○な問題がある」とか「○○な課題がある」といったお話を耳にしているのではないでしょうか。この「問題」を明確にすることが経営コンサルティングの第一歩であり、解決すべき「課題」を提案していくことはその一部であるといえます。

②「問題」と「課題」について

「問題」について考えてみましょう。日頃、あまり明確にする機会がないのではないでしょうか。以下のように整理ができます。

- 問題とは「目標と現状の乖離」
- 目標とは「あるべき姿」
- 問題解決とは「乖離する原因を突き止め、対策を講じること」
- 課題とは「問題を解決するため具体的に取り組むテーマ」

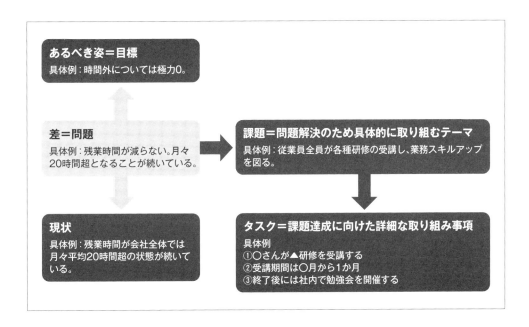

③現状分析・経営課題の把握について

問題を明確にしていくためにも、現状の把握はとても重要です。特に、融資等を通じて取引先の財務情報や各種の定性情報を蓄積している金融機関は、取引先の現状分析～経営課題の把握を行うための情報は十分に揃っていると同時に寄せられる期待も大きいことと思料します。

金融庁による監督指針でも「金融機関には、以下のような点を総合的に勘案して債務者の本質的な経営課題を把握・分析し、債務者の事業の持続可能性等を適切かつ慎重に見極める」ことが定められています。

〈中小企業金融円滑化法に基づく金融監督に関する指針：
Ⅱ　コンサルティング機能の発揮に際し金融機関が果たすべき役割〉
「Ⅱ-1　経営課題の把握・分析等　(1)経営課題の把握・分析と事業の持続可能性の見極め」による具体的事項
- 債務者の経営資源、経営改善・事業再生等に向けた意欲、経営課題を克服する能力
- 外部環境の見通し
- 金融機関の取引地位(総借入残高に占める自らのシェア)や取引状況(設備資金／運転資金の別、取引期間の長短等)
- 金融機関の財務の健全性確保の観点

④現状分析を行うための手法について

◆SWOT分析

- 経営環境を分析する際の代表的なフレームワークとして利用されています。以下（　）内の頭文字をとってSWOT分析と呼ばれています。

　自社にとって内部・外部環境に分けて以下のように整理します。

　内部環境のプラス：強み（Strength）、内部環境のマイナス：弱み（Weakness）

　外部環境のプラス：機会（Opportunity）、外部環境のマイナス：脅威（Threat）

- SWOT分析をされたことがない方のために、整理のしかたを説明します。
  ・SWOTの各要素を箇条書きにして書き出す。
  ・箇条書きにしたものをグルーピングする。
  ・グルーピングしたものを簡潔に文章化する。
- SWOT分析を行う際には以下の点に留意してください。

・客観的事実やデータを根拠とすること
・内部環境を整理する場合は主観的とならないように、客観的事実・データを根拠とし外部環境や競合他社の状況を加味すること
- SWOT分析の活用方法を、一般的な具体例を用いて整理しました。参考にしてください。

SWOT分析

	プラス要因	マイナス要因
内部環境	**強み：Strength** ・経営者のリーダーシップ ・健全な財務内容 ・技術力のある従業員 ・長年の業績と顧客からの信頼	**弱み：Weakness** ・従業員の高齢化 ・設備の老朽化 ・新規事業分野への開拓が不十分 ・IT活用等が不十分
外部環境	**機会：Opportunity** ・世界的な景気回復の兆し ・高い付加価値が付く商品人気の高まり ・地域の同業他社数は減少 ・環境配慮意識の高まり（ESG等）	**脅威：Threat** ・材料等仕入価格・電力等の高騰 ・M&Aによる他業界からの参入 ・働き方改革の推進による残業減少 ・少子高齢化による人材不足

◆内部環境要因と外部環境要因の整理のポイント
　内部環境要因：自社の中にある経営資源（人、モノ、カネ、情報）についての独自性のある事項や特徴的事項を中心に整理します。
　外部環境要因：自社では統制不可能な事象を中心に外部環境要因として、下段に整理します。原則として自社の外にある事項を想定します。

◆各要因のプラス面とマイナス面の判断
　強み：業界や他部門と比較してその水準が高いと客観的に判断できる事項。または機会をつかむのに役に立つ能力や脅威を克服する能力があると判断できる事項
　弱み：上記「強み」と対極となると判断できる事項

機会：現状においてビジネスチャンス，追い風になると判断できる事項
　　脅威：上記「機会」と対局となると判断できる事項

⑤最適となる経営改善計画の立案

◆クロスSWOT分析

- SWOT分析では内部環境と外部環境から、客観的に現状を把握することができますがそれだけでは有効な問題解決に向けた計画の立案にはつながりません。
- SWOT分析で洗い出した各項目を掛け合わせます。それにより、下記のように各領域の検討観点が見えてきます。
　・強み×機会：強みを活かして機会をつかむためにどうすればよいか。
　・強み×脅威：強みを活かして脅威の影響を抑えるためにどうすればよいか。
　・弱み×機会：弱みを克服し、機会を最大化するにどうすればよいか。
　・弱み×脅威：最悪のシナリオを回避するためにどうすればよいか。
- クロスSWOT分析の考え方を整理しました。参考にしてください。

▶ クロスSWOT分析

		内部環境	
		強み	弱み
外部環境	機会	強み×機会〈シェア拡大・進出〉●強みを生かしてビジネスチャンスをつかむ	弱み×機会〈内部体制強化〉●弱みを克服してビジネスチャンスをつかむ
外部環境	脅威	強み×脅威〈現状を維持・防衛〉●強みにより脅威を最小限度にする	弱み×脅威〈撤退を見極める〉●最悪の事態を想定し回避する

第7章 付加価値（経営コンサルティング）の必要性

- クロスSWOT分析の具体的な活用方法を整理しました。参考にしてください。

▶ クロスSWOT分析の具体的な活用方法

	強み：Strength ①経営者のリーダーシップ ②健全な財務内容 ③技術力のある従業員 ④長年の業績と顧客からの信頼	弱み：Weakness ⑤従業員の高齢化 ⑥設備の老朽化 ⑦新規事業分野への開拓が不十分 ⑧IT活用等が不十分
機会：Opportunity ⑨世界的な景気回復の兆し ⑩高い付加価値が付く商品人気の高まり ⑪地域の同業他社数は減少 ⑫環境配慮意識の高まり（ESG等）	**強み×機会** 〈シェア拡大・進出〉 ②×⑩ ●高価格帯商品・製品を開発し市場に投入しシェア拡大を図る。	**弱み×機会** 〈内部体制強化〉 ⑤×⑪ ●地域の廃業する同業他社の従業員を採用し従業員の高齢化対策を図る。
脅威：Threat ⑬材料等仕入価格・電力等の高騰 ⑭M&Aによる他業界からの参入 ⑮働き方改革の推進による残業減少 ⑯少子高齢化による人材不足	**強み×脅威** 〈現状を維持・防衛〉 ③×⑮ ●技術力のある従業員による社内研修等を実施し、全体でのスキルアップを図り残業を減少させる。	**弱み×脅威** 〈最悪の事態を回避する〉 ●最新の設備を導入し、採用難からくる人材不足に対応する。

◆クロスSWOT分析を有効活用するため注意すること

　以下のどちらか一方が欠落しても十分な効果が期待できません。
- 前段となるSWOT分析が客観的事実・数値に基づいていること
- 強み・弱み・機会・脅威から2つの観点をクロスさせて導き出すこと

◆クロスSWOT分析により差別化を図る

　自社の強みを伸ばすこと・課題を改善することも重要ですが、より成長を遂げるに競合他社との差別化を図り、自社の独自性を発揮することも必要です。内部環境と外部環境を俯瞰的にとらえて、方向性を定めることが有効となります。具体的には、市場が求めている商品・サービス・製品が明確となること、または競合がいない市場を見つけられる可能性が期待できます。

（3）最適な経営コンサルティングソリューションの提案

①ソリューションの基本概念

　ソリューションとは直訳すると解決や解答を意味する英単語です。ビジネスシーンでは「企業が抱える課題・問題を知見、人材などの様々な方法で解決する」という意味で用いられます。

　クロスSWOT分析等により個別かつ具体的に策定された取引先が抱える経営課題の解決策を提案し、取引先の合意を得ましょう。「これが最適」という施策をこちらから提案しても、取引先が納得しなければ効果は出にくいものです。

　外部から解決策を与えることが、必ずしも結果につながるわけではありません。合意を得て、ともに実行していくことが経営コンサルティングでいうソリューションとなります。

②最適なソリューションの提案

　取引先に最適なソリューションを提案する際に、必要に応じて、他の金融機関、外部専門家、外部機関等と連携することも重要です。

　特に事業再生、事業承継、事業整理等では、法律的・税務的側面及び金融的側面から専門家の豊富な知見や機能を活用することでより実効性が高まります。弁護士・税理士等外部専門家や他の金融機関との積極的な連携を行いましょう。

> **提案のポイント**
>
> **取引先にとって実現可能である課題解決の方向性を提案すること**
> - 取引が中小企業者である場合はその人員や財務諸表の作成能力等を勘案すると、中堅・大企業を想定した定量（数値面）的で精緻な改善計画等の策定は難しいものです。
> - 簡素・定性（行動面）的であっても、改善に向けて実効性のある取引先にあった提案を行うことで、合意は得られるものです。

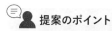 提案のポイント

「金融支援」に関しては金融機関の強みであり、積極的に対応を検討してください。
- 経営改善に向けた取り組み支援は金融機関以外でも行えます。しかしながら、金融的側面からの支援に関しては、金融機関の方しか行えません。
- 改善に向けた取組みの過程では、返済条件の緩和や新規設備の導入に伴う資金需要等の局面も想定されます。

(4) 経営コンサルティングソリューションの実行および進捗状況の管理

取引先の合意を得て、経営コンサルティングソリューションを実行していきます。

必要に応じて、外部専門家や他の金融機関と連携を図りながら協働します。

なお、ソリューションを実行していく過程では、当初には予期し得なかった変化等が生じることも想定されます。そのような場合には、ソリューションの見直しの要否について取引先や連携先とともに検討することが必要です。

そのためにも、ソリューションの実行後においても継続的にモニタリングするとともに、経営コンサルティングを行っていくなど、進捗状況を適切に管理していきましょう。

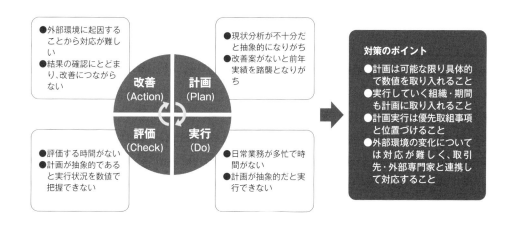

3 経営コンサルティングメニューの例

(1)取引先のライフステージと経営課題

　取引先企業は様々なライフステージにあり、それぞれが抱える経営課題は様々です。取引先ごとに事業の内容や成長可能性（事業性）を十分に理解し、それらを踏まえたソリューションを検討していくことが必要です。

▶ ライフステージごとの経営課題を解決するコンサルティングメニュー

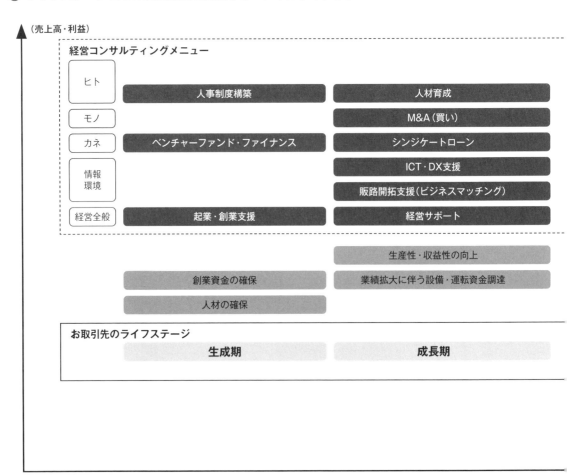

第7章 付加価値(経営コンサルティング)の必要性

		後継者育成	
		人材紹介	事業承継
		不動産有効活用	M&A(売り)
		事業承継ファイナンス	事業再生ファンド・ファイナンス
		環境配慮(SDGs経営)	
		コストダウン(収益力改善)	
		計画策定支援(中期経営計画等)	知的資産経営サポート
		生産性・収益性の維持	
		業績維持に伴う設備・運転資金調達	
		従業員高齢化に伴う若手人材の確保	事業承継
			次なるステージ
		成熟期	成長鈍化・衰退期
			経営改善・体質強化・事業転換
			借入金過多状態の解消
			抜本的な事業再生

(時間)

（２）経営コンサルティングメニューの例

今後ご相談が増えることが想定されるメニューについて具体例等を用いて説明します。

①経営サポート

取引先の経営者様は、「経営コンサルティングを受けてみたい」というご要望は少なからずお持ちであるものの、「どこから手を付ければいいか」とか「入り口の段階をどのようにすればよいか」といったことから、誰にも相談できていないといったケースも多いのではないでしょうか。このような場合は「壁打ち」と呼ばれる手法が有効となります。

経営コンサルティングには様々なメニューがありますが、「経営サポート」と呼ばれるメニューはすべての入り口としての役割を担います。「壁打ち」等を取り入れ、取引先経営者様の良き相談相手となってください。

▶ 壁打ちのイメージ

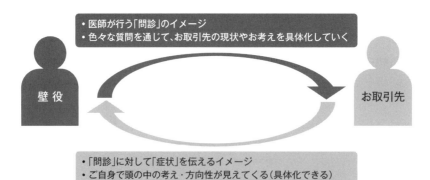

〈会話の具体例〉
　　壁役：「最近会社で何か気になることはありましたか？」
　お取引先：「最近、〇〇なことがあってちょっと困りました」
　　壁役：「その時どのようにされましたか？」
　お取引先：「その時、周りに誰もいなくて、何もできなかったんです」
　　壁役：「以前、同じようなことはありませんでしたか？」
　お取引先：「ありました」
　　壁役：「その時はどのようにされましたか？」
　お取引先：「その場にいた社員で話し合いすぐ対応できました。とても助かりました」
　　壁役：「〇〇なことも同じように解決できるのかもしれないですね」
　お取引先：「そうですね。すぐ相談してみます」

②計画策定支援

◆各種計画の必要性

　よく、企業は船、従業員様は乗組員、経営は航海に例えられることがあります。船が目的地にたどり着くには、海図と羅針盤が必要となります。企業にとっては各種計画書が海図と羅針盤の役割を果します。航海の途中には悪天候に遭遇することもあり、その際にも海図と羅針盤があれば、船を進めることができます。

　また、「会社は誰のためにあるのか」と聞かれることもあります。事業を運営していくと、様々な関係者とのかかわり合いが増えていきます。様々な関係者は「ステークホルダー（利害関係者）」と呼ばれます。事業を継続していくためには自社の利益のみを優先するのではなく、このステークホルダーの理解も得ていくことが必要です。ステークホルダーと良好なコミュニケーションを構築するためにも各種計画書の策定が有効となります。

◆経営計画と事業計画について

　一般的には以下のように整理されています。

- **経営計画**：中長期的期間で全社的な「会社のあるべき姿」を見据える計画です。
- **事業計画**：その目標を達成するため、事業部門等が「会社のあるべき姿」に到達するまでの具体的な実行計画を示したものです。

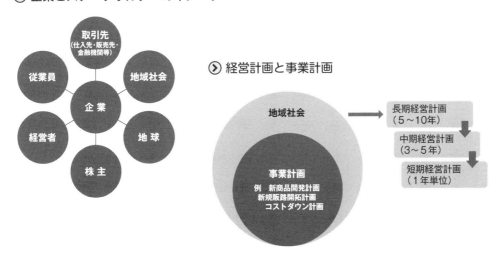

〈コンサルティングのポイント〉
- ステークホルダーから信用が高まるような計画を作りたい
  →経営者・現場が実現したいと思える気持ちのこもった経営計画を策定しましょう
- 計画を作りたいけど何から手を付ければいいかわからない。作成する時間もとれない。
  →社内人材が限られている取引先の経営企画機能を補完しましょう。外部専門家との連携も有効です。

◆経営改善計画策定支援（405事業：通常枠・中小版ＧＬ枠）

　融資条件の変更（リスケジュール）等の金融支援が必要な取引先に対して、国が認定した専門家（認定経営革新等支援機関）の支援を受けて本格的な経営改善計画を作成する場合には、その支援に必要となる費用の３分の２が国からの補助が受けられます。以下に中小企業庁ホームページを抜粋します。

経営改善計画策定支援 （405事業）
通常枠・中小版GL枠
国が認定した専門家の支援を受け、金融支援を伴う本格的な経営改善計画を策定する場合、経営改善計画策定支援に必要となる費用の2/3を国が補助します。

| 支援のねらい

こういった問題に困ってませんか？

環境変化等に十分対応できておらず、借入金の返済負担等、財務上の問題を抱えており、自ら経営改善計画等を策定することが難しい。そんな方に対して、認定経営革新等支援機関が中小企業等の依頼を受けて経営改善計画策定支援を行うことにより、中小企業等の経営改善を支援します。また、持続的・安定的な事業継続や思い切った前向き投資のためには、内部管理体制や経営の透明性確保に向けたガバナンス体制の整備が必要です。本事業では、これに向けた中小企業等と専門家の取組も支援します。

| 支援の概要

本事業は、金融支援を伴う本格的な経営改善の取組が必要な中小企業・小規模事業者を対象として、国が認定した税理士などの専門家である認定経営革新等支援機関が経営改善計画の策定を支援し、経営改善の取組みを促すものです。中小企業・小規模事業者が認定経営革新等支援機関に対し負担する経営改善計画策定支援に必要となる費用の2/3（上限額は以下参照）を中小企業活性化協議会が負担します。申請書類や認定経営革新等支援機関の検索は以下の「認定経営革新等支援機関検索システム」から行うことが出来ます。

出所：中小企業庁「経営改善計画策定支援」

③販路開拓支援（ビジネスマッチング）

事業計画にて策定される販路開拓の実行を支援します。「このような製品・サービスを新規に開発したが、どこに相談したらよいかわからない」、「製品・サービスを開発するためのビジネスパートナーを探している」といった取引先のお悩みもよく耳にされるのではないでしょうか？社内外のネットワークを駆使して支援することが重要です。

④コストダウン（収益力改善）

- 事業計画にて策定されるコストダウン（収益力改善）の実行を支援します。コストダウン（収益力改善）となると財務面からのアプローチにどうしても重点を置きがちとなりますが、モノづくりの現場・サービスの現場での作業にも目を向けることが必要です。コストダウンと業務改善により収益力は改善が図れるものであり、密接な関係があります。組み合わせによりさらなるシナジー（相乗効果）の発揮が期待できます。

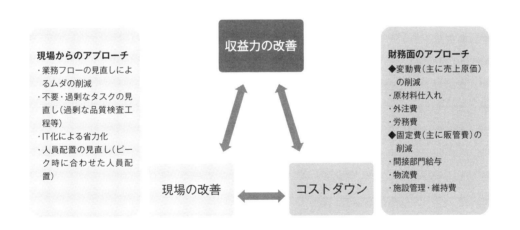

- モノづくりの現場・サービスの現場の改善はとても専門性の高い分野となりますので、知見豊富な外部専門機関との連携も積極的に活用しましょう。専門家の派遣には中小機構（独立行政法人 中小企業基盤整備機構）によるハンズオン支援（専門家派遣）等があります。他のメニューでの外部専門家の活用にもつながりますので参考にしてください。

◆中小機構ホームページ「ハンズオン支援(専門家派遣)」

本部

ハンズオン支援（専門家派遣）

経営課題の解決に取り組む中小企業・小規模事業者を対象に、豊富な経験と実績を持つ専門家を一定期間派遣し、アドバイスを実施します。主体的に取り組んでいただくことで、支援終了後も自立的・持続的に成長可能な仕組みづくりをサポートします。

　📞 お問い合わせ・お申込み

ハンズオン支援事業（総合）

売上拡大・生産性向上等の目標達成、様々な経営課題の解決を目指し、専門家を一定期間継続して派遣します。企業の発展段階に応じてタイムリーで適切なアドバイスを行い、その成長・発展をサポートします。

対象者

売上拡大・生産性向上等の目標達成、様々な経営課題解決について、組織的にPDCAサイクルをまわしながら積極的に取り組みたい中小企業・小規模事業者

支援期間

数か月～10か月程度（20回程度）

費用

17,500円（専門家1人、1日あたり。消費税込）

派遣専門家

大手企業経営幹部など経営経験の豊富な方、中小企業支援の経験を積んだ中小企業診断士や公認会計士などの専門家

支援テーマ（例）

・経営戦略（経営ビジョン策定、事業計画策定・実行）
・新事業開拓（新技術・新用途・試作品の開発、知的財産戦略構築）
・営業、マーケティング（営業戦略の構築、ブランド構築、組織的営業力強化・新顧客開拓）
・財務・会計（月次決算の早期化・精度向上、原価管理、予算実績管理）
・現場改善、生産性向上（品質管理体制の構築、見える化・適正化、生産計画の精度向上）など

出所：中小機構ホームページ「ハンズオン支援（総合）」

第7章 付加価値（経営コンサルティング）の必要性

⑤事業承継

◆事業承継の重要性とポイント

　事業承継は、ほとんどと言ってもよいくらいの取引先が抱える経営課題の1つです。また、取引先の将来をともに計画していくため、金融機関にとって、先々の取引内容に大きな影響が出てくる可能性があります。

　「何から手を付ければよいかわからない」、「いつ頃から検討を始めたらよいのだろう」、「後継者を誰にするか悩んでいる」と言った声が取引先からあった場合には、早めに対応することで、より強固なリレーションの構築につながります。積極的に対応しましょう。

　中小企業はオーナー企業である場合が大半であり、経営権・事業・財産の3点をどのように承継していくかが重要となります。その際、経営者様の想いに寄り添った計画とすることでより実効性も高まります。

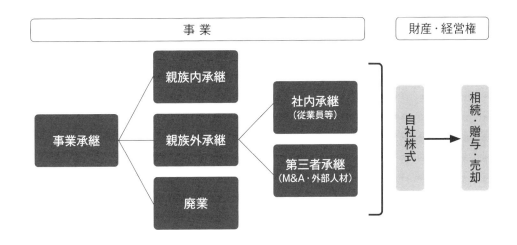

◆外部機関・専門家の活用

　事業承継に関しても法律的・税務的側面から専門家の豊富な知見や機能を活用することでより実効性が高まります。弁護士・税理士等外部専門家との積極的な連携を行いましょう。中小機構（独立行政法人 中小企業基盤整備機構）では全国に「事業承継・引継ぎ支援センター」を設置していますので、参考にしてください。

出所：中小機構ホームページ「事業承継・引継ぎポータルサイト」

⑥知的資産経営

　中小企業では、知的資産と呼ばれる財務諸表に表れない人材・組織・ネットワークといった強みが成長の鍵となります。特に、各種計画策定時や事業承継時には社内共有していることがとても重要です。しかしながら、これらの知的資産は無形であり、目に見えにくい経営資源であり、可視化をし、共有していくことが必要となります。

　知的資産のうち、経営者・一部の技術者のノウハウ等は人財資産と呼ばれます。人財資産はその方の退職とともになくなってしまいます。経営資源に限りのある中小企業にとってこれらの知的資産は会社存続にも関わるとても重要なものなのです。

　また、外部環境の変化に応じて、必要とされる知的資産も変化していきます。定期的な見直しも行うようにしてください。

知的資産のイメージ

 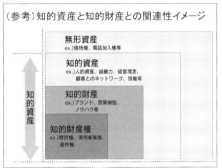

出所：中小機構「事業価値を高める経営レポート作成マニュアル改定版」

⑦人事制度・人材育成

「主体性を持って行動できる社員が少ない」「次世代を担う幹部候補人財がなかなか育たない」「従業員の離職を食い止めたい」「経営理念や経営方針に連動した人事制度にしたい」「従業員のモチベーションが上がるような人事制度を見直したいがどのような制度にすべきかわからない」と、人材育成・人事制度に関する経営者様のお悩みはとても多く、その対応の優先順位も高いメニューとなります。

人事制度関連の経営コンサルティングは就業規定の変更等も伴うことが多く、社会保険労務士等の外部専門家との連携は必要不可欠です。

⑧IT・デジタル化支援

◆企業のIT・デジタル化の取り組みの現状

金融庁の「企業アンケート調査の結果（令和4年6月30日）」によると、「全社的」もしくは「部署単位」でIT化やデジタル化を実施・推進していると回答した企業は51.6%といる半面で「現状、実施・推進していないが、今後は実施・推進に関心がある」、「関心もない」と回答した企業が48.4％と半数近くあります。

IT化やデジタル化の実施状況や関心度合い

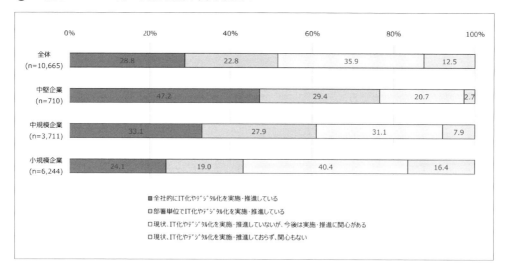

デジタル化の実施においての相談相手

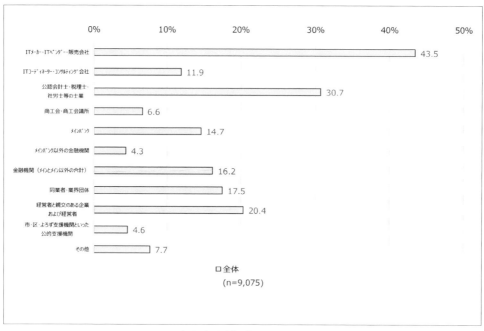

出所：金融庁「企業アンケート調査の結果　令和4年6月30日」P17～18

第7章 付加価値（経営コンサルティング）の必要性

◆ IT・デジタル化のポイント

　IT・デジタル化については、以下の点に留意することが大切です。
- 経営課題解決のためのIT・デジタル化であること
- 経営者が「IT・デジタル化であるべき姿を実現したい」という思いを発信すること
- 一部の部署にとってのIT・デジタル化ではなく「全体最適であること」
- 規模に見合った投資額とすること

◆ 活用できる支援制度・補助金等

■ 専門家の派遣

　「社内に専門部署、専門人材がいない」「誰に相談すればよいかわからない」といったことを取引先から相談されることも多いのではないでしょうか。

　中小機構のハンズオン支援（IT支援）でCIO経験者、中小企業診断士、ITコーディネーターなど中小企業のIT経営に関して十分な知見と実績がある専門家の派遣を受けることが可能です。

■ 各種補助金

　中小機構のIT導入補助金（サービス等生産性向上IT導入支援事業）があります。事業年度ごとに専用のポータルサイトも開設されます。参考にしてください。

〈IT導入補助金2024「令和5年度補正サービス等生産性向上IT導入支援事業：https://it-shien.smrj.go.jp/」〉

⑨環境配慮（SDGs・カーボンニュートラル）

　近年、各企業だけでなく、社会的にもその対応が重要視されています。しかしながら、「SDGsって本業に役立つの？」「SDGsって私の会社に関係ないのでは？」と社内での認識がまだ十分浸透していない取引先も多いのではないでしょうか。

　経営者だけではなく、社内全員にもSDGs・カーボンニュートラルの大切さを知ってもらい取り組んでいきたい経営課題です。

　中小機構のハンズオン支援（専門家派遣）にて環境対応として、また個別にカーボンニュートラルに関する支援として、相談窓口の設置等も行われています。

〈中小機構「カーボンニュートラルに関する支援」：https://www.smrj.go.jp/sme/sdgs/favgos000001to2v.html〉

〈著者プロフィール〉

野平　雅史(のひら・まさし)
大手銀行　リテール営業統括部担当部長
中小企業診断士、1級ファイナンシャル・プランニング技能士

1984年3月慶応義塾大学商学部卒業後、大手地方銀行にて、営業店、法人営業部、資金営業部、信託コンサルティング部ほか、大手地方銀行系総合研究所にて、経済調査部、経営コンサルティング部を経て現在に至る。

宇野　孝則(うの・たかのり)
中小企業診断士

1990年3月中央大学法学部法律学科卒業後、同年4月大手地方銀行入行。本店、営業店、審査部、マーケット・ホールセール部門、リース子会社を経て、2021年12月退社、2022年1月より、コンサルティング会社に入社し、事業承継・中期経営計画策定等総合コンサルティング業務を担当。現在、企業再生・事業計画部門責任者となり現在に至る。

貸出金利のリテラシーと金利交渉の進め方

2024年10月15日　初版第1刷発行

著　者　野平　雅史
　　　　宇野　孝則
発行者　延對寺　哲
発行所　株式会社ビジネス教育出版社

〒102-0074　東京都千代田区九段南4-7-13
TEL 03(3221)5361(代表)／FAX 03(3222)7878
E-mail▶info@bks.co.jp　URL▶https://www.bks.co.jp

印刷・製本／モリモト印刷㈱　装丁・本文デザイン・DTP／㈲エルグ
落丁・乱丁はお取り替えします。

ISBN978-4-8283-1100-5　C2033

本書のコピー、スキャン、デジタル化等の無断複写は、著作権法上での例外を除き禁じられています。購入者以外の第三者による本書のいかなる電子複製も一切認められておりません。